乡村幼儿园教师培训系列教材　　总主编　唐　敏　周念丽

学前教育政策法规与乡村幼儿教师职业道德规范

主　编　权　迎　谭玲媚
副主编　张思文　熊映虹

西南大学出版社

图书在版编目(CIP)数据

学前教育政策法规与乡村幼儿教师职业道德规范/权迎,谭玲媚主编. -- 重庆：西南大学出版社,2022.5
ISBN 978-7-5697-1416-6

Ⅰ.①学… Ⅱ.①权… ②谭… Ⅲ.①学前教育-教育政策-汇编-中国②学前教育-教育法-汇编-中国③幼教人员-师德 Ⅳ.①G619.20②D922.169③G615

中国版本图书馆CIP数据核字(2022)第059801号

学前教育政策法规与乡村幼儿教师职业道德规范

XUEQIAN JIAOYU ZHENGCE FAGUI YU XIANGCUN YOU'ER JIAOSHI ZHIYE DAODE GUIFAN

权　迎　谭玲媚/主编

策　　　划	杨　毅　杨景罡
执行策划	熊家艳
责任编辑	李　君
责任校对	于诗琦
封面设计	散点设计
版式设计	闰江文化
排　　　版	杨建华
出版发行	西南大学出版社(原西南师范大学出版社)
地　　　址	重庆市北碚区天生路2号
电　　　话	023-68868624
邮　　　编	400715
印　　　刷	重庆市正前方彩色印刷有限公司
幅面尺寸	185mm×260mm
印　　　张	8.25
字　　　数	150千字
版　　　次	2023年1月　第1版
印　　　次	2023年1月　第1次印刷
书　　　号	ISBN 978-7-5697-1416-6
定　　　价	29.80元

丛书编委会

总主编 | 唐　敏　昆明学院
　　　 | 周念丽　华东师范大学

编　委 | 张管琼　昆明市教工第一幼儿园
　　　 | 和晓春　中国人民解放军32554部队机关幼儿园
　　　 | 葛露霞　昆明市西山区第六幼儿园
　　　 | 刘忠书　漾濞彝族自治县教育体育局
　　　 | 杨宏芬　巍山彝族回族自治县教育体育局
　　　 | 钱丽华　香格里拉市三坝乡白水台小学
　　　 | 兰　承　香格里拉市三坝乡中心幼儿园

课程资源

编写说明
BIANXIE SHUOMING

自20世纪80年代以来,大力发展学前教育已经成为世界未来教育的目标之一。学前教育作为终身学习的开端,不仅是国民教育体系的重要组成部分,更是重要的社会公益事业。尤其是办好乡村学前教育,对于建设社会主义新农村、构建和谐社会和实现教育公平有着极其重要的意义。

中国0—14岁人口约为2.53亿(截至2020年11月1日)。近年来,我国政府坚持"儿童优先"原则,推动儿童事业发展取得了显著成就。尤其是连续出台的三个发展学前教育的三年行动计划,已经极大地提高了三年学前教育的普及程度。截至2021年,我国学前儿童三年毛入园率已经超过了85%,尤其是在发展农村学前教育,帮助乡村孩子全面发展,阻断贫困代际传递方面取得了很好的成效。

但是对于集边疆、民族、山区、贫困为一体的云南乡村地区来说,学前教育资源总量不足,发展不平衡问题一直是制约学前教育改革发展的突出问题。云南省在三个发展学前教育的行动计划中,大力推行"一村一幼"计划,利用闲置校舍改扩建、投资新建了许多乡村幼儿园,加上一些非政府组织也在云南省建了许多乡村幼儿园(班),让大多数乡村的孩子们也能享受到学前教育。这些乡村幼儿园有些附设在乡村小学里,由乡镇中心学校管理,有些就设在行政村,甚至自然村。由于目前许多年轻人都到外地打工,留在村里的几乎都是老人和留守儿童,所以许多乡村幼儿园规模很小,甚至一所幼儿园就只有一个班,以混龄班形式存在。由于资源有限,许多乡村幼儿园缺乏专业师资,只能招聘一些临聘人员任教,他们绝大多数没有学前教育专业背景,学历和文化层次较低,而且有些年龄偏大,学习能力较弱,大多没有经过培训就匆忙上岗,对幼儿园教育活动和游戏活动、一日生活和卫生保健、政策法规和职业道德规范等几乎一无所知。所以在幼儿园的管理和保教工作中存在突出的小学化、成人化倾向,保教质量也堪忧。但令人欣慰的是,这些乡村教师非常热爱自己的工作,热爱孩子,尽管条件艰苦,收入不高,仍然坚守岗位,兢兢业业地工作,他们非常渴望得到专业的培训和指导,也希望提高自身的专业素质和能力。

为了提升乡村幼儿园教师专业能力,从而促进学前教育发展,依托世界银行云南学前教育发展实验示范项目昆明学院子项目,昆明学院学前与特殊教育学院设计了一系列针对乡村学前教育发展的活动,包括前期调研,摸清云南乡村地区学前教育发展现状,组织专业教师及大学生志愿者团队送培下乡,提升乡村幼儿园教育质量;编写乡村幼儿园教师培训教材及配套资源,开发乡村幼儿园膳食管理软件、幼儿身心发展观察评估工具等。

为保障乡村幼儿园的基本保教质量,亟需通过多种形式对教师进行培训,或者引导他们通过自主学习,逐渐提高自身的专业素质。我们的乡村幼儿园教师培训教材应运而生,华东师范大学周念丽教授和昆明学院学前与特殊教育学院院长唐敏教授为总主编,由昆明学院等高校学前教育专业教师和来自幼儿园一线的园长和骨干教师组成编写队伍。团队七次下乡,深入到五个县十二个乡镇四十三所乡村幼儿园实地走访和指导,周念丽教授也从上海来到云南,亲自带领团队深入偏远山村,摸清乡村幼儿园的现状和需求,力求做到帮助乡村幼儿园教师解决实际问题,体现乡村幼儿园教育特色,编写出了六本适合乡村幼儿教师开展日常保教工作最亟需、最实用的教材,包括《乡村幼儿园卫生保健》《乡村幼儿园环境创设》《乡村幼儿园班级管理》《乡村幼儿园游戏活动指导》《乡村幼儿园教育活动设计与指导》和《学前教育政策法规与乡村幼儿教师职业道德规范》。该系列教材编写时力求体现以下特点：

1.时代性：教材内容反映时代特点，既体现《幼儿园教育指导纲要（试行）》《3—6岁儿童学习与发展指南》的精神，又把当前学前教育改革发展的新理念和新方法融入教材内容中，体现时代性。

2.专业性：教材内容既关注幼儿生存与发展权益保护的相关法律法规及政策，又针对幼儿身心发展规律和学习特点，帮助乡村幼儿教师理解幼儿园保教工作中所需的各领域基本知识，掌握幼儿园的保育和教育、环境创设、班级管理、家园共育、卫生保健工作等的基本方法和策略。

3.实操性：针对乡村幼儿教师文化素质不高、学习能力不强的特点，教材编写的内容和编写形式强调理论与实践相结合，弱化理论，突出实操，通俗易懂、生动形象，提供相应的图片和案例，易于乡村幼儿园教师理解和掌握。

4.数字化：本系列教材还提供了大量的案例和学习资料，包括活动视频、PPT、学习资料、班级管理常用表格、儿童身心发展测评工具、家长讲座的提纲等，形成了丰富的资料库，以数字化的形式在线上平台展示，每本教材都有二维码，使用时用手机扫码即可观看，方便偏远山区教师随时随地学习和使用。随着学前教育的改革发展，根据需要这一数字资源还可不断更新、丰富和完善。

这六本乡村幼儿园教师培训教材的出版，首先得益于云南省教育厅申请到的世界银行云南学前教育发展实验示范项目，在项目的支持下完成全部的工作。另外教育厅分管学前教育的基教二处在本书编写团队面向全省的调研中给予了大力的支持和帮助，教育厅民族教育处还提供了经费支持。在深入云南省的多个乡村调研和培训时，有许许多多令人感动和难忘的人和事。香格里拉市三坝乡白水台小学钱丽华校长和香格里拉市三坝乡中心幼儿园兰承园长带着我们跑遍了全乡所有乡村幼儿园，至今都还记得哈巴雪山脚下那些壮丽的风景和崎岖的山路，以及那些坚守岗位的老师们。在大理漾濞，教研员刘忠书老师陪同我们翻山越岭到最偏远的山村，山里有些幼儿园都是村民免费拿出自己的房子开办的，刘忠书老师想尽一切办法为这些幼儿园添置设施设备改善条件。在大理巍山，教研员杨宏芬老师听说我们送培下乡，把全县所有幼儿园六百多名教师都召集起来听我们的讲座，觉得这是非常难得的机会。

昆明市教工一幼张管琼园长、32554部队机关幼儿园和晓春园长、昆明市西山区第六幼儿园园长葛露霞、昆明学院附属幼儿园高春玲园长带领教师团队深入多个乡村幼儿园培训教师、入园指导。还有参与这六本教材编写的所有园长和教师们，心里装着满满的爱心和情怀，都尽心尽力不计报酬。我们所有人所做的这一切只是想尽一个幼教人的情分和责任，为那些地处偏远的乡村幼儿园能够高质量地发展提供一些支持和帮助，让在同一片蓝天下的乡村孩子们也能享受优质的学前教育，为自己的人生奠定良好的基础。

也希望这套乡村幼儿园教师培训教材能够为全国其他省市同类型的乡村幼儿园的教师提供借鉴和帮助。

编写组

2022年5月16日

总序
ZONGXU

近年来,国家对农村学前教育的关注达到了前所未有的高度。

2018年,《教师教育振兴行动计划(2018—2022年)》指出:"改善教师资源供给,促进教育公平发展。加强中西部地区和乡村学校教师培养,重点为边远、贫困、民族地区教育精准扶贫提供师资保障",作为教师教育振兴行动计划的目标任务。主要措施"加强县区乡村教师专业发展支持服务体系建设,强化县级教师发展机构在培训乡村教师方面的作用""赋予乡村教师更多选择权,提升乡村教师培训实效。推进乡村教师到城镇学校跟岗学习,鼓励引导师范生到乡村学校进行教育实践。'国培计划'集中支持中西部乡村教师校长培训"。在国家政策的引领和推动下,农村学前教育在"量"的普及和"质"的提升方面都实现了飞跃发展,具体体现在幼儿的入园率显著提升、幼儿园普及程度明显提高等方面。

但偏远地区的乡村地区大都曾经是贫困地区,交通通达度低,造成师资力量薄弱和相关课程匮乏,所以这些地区的乡村幼儿园的保教质量相对较差。为此,亟需能提升师资力量、夯实乡村幼儿园保教基础的优质指导用书。

从云南省等少数民族地区的乡村幼儿园教师的现状来看,出版两类指导用书迫在眉睫。

第一类是"知"的层面,即对政策法规、理念和师德等基本概念之获得的指导用书。乡村幼儿园教师，有的从小学转岗而来，有的是非教育背景凭着一腔热血而来，还有的是当地村民经过简单培训后担任。这些情况表达了一个诉求：为其提供学前教育的相关政策法规知识、传授科学适宜的教育理念以及作为一名教师所必备的师德之概念已是时不我待。

第二类是"行"之层面，即为乡村幼儿园教师提供管理和教学实践有关的指导用书。以"一村一幼"为主要特点的乡村幼儿园，有的只有几个或十几个幼儿，教师也只有一两名，但"麻雀虽小，五脏俱全"，教学管理和以游戏为基本活动的教育活动设计与实施、家园互动等缺一不可。因此，与幼儿园管理和教学有关的实践指导用书应该是乡村幼儿教师们翘首以待的。

昆明学院学前与特殊教育学院的院长唐敏教授带领由高校教师和一线优秀园长们组成的编写团队，编写了能使乡村幼儿园教师"知行合一"的指导用书。他们的双肩担负起振兴乡村幼儿园之重担，不为金钱和名誉，不厌不倦，但求心之所安、促师有成。

在这套指导用书中，从"知"的层面出发，是以《学前教育政策法规与乡村幼儿教师职业道德规范》为开篇之作。该书分上下两篇，上篇对儿童权利与保护、学前教育相关政策法规的框架结构都进行了阐述，与此同时，对这些政策法规的变迁也做了回溯整理，还辅以相关的案例分析，使乡村幼儿教师在理解这些政策法规时有抓手，易记住。下篇则聚焦乡村幼儿教师的职业道德规范，进行了文本的解读和实践路径的指引。从"行"的层面出发，该套丛书既有从管理入手的《乡村幼儿园班级管理》，又有着眼于实践操作的《乡村幼儿园卫生保健》《乡村幼儿园游戏活动指导》《乡村幼儿园教育活动设计与指导》以及《乡村幼儿园环境创设》四本书。这五本书都是以教育部2012年颁布的《3—6岁儿童学习与发展指南》精神为依据、基于陈鹤琴先生的"活教育"等理论，站在幼儿立场，以全新的教育理念作为统领，注重可读性和可操作性。在这五本书中，均以"学习目标"唤起读者对学习重点的注意；用"思维导图"来梳理章节的脉络；通过翔实生动的"小案例"来引起读者的"大思考"，行文生动，便于乡村幼儿教师理解和掌握。阅之，深感这套丛书值得期待！

感动于唐敏院长及其团队为促进乡村幼儿园的保教质量发展、提升乡村幼儿教师的管理和教学的"知"与"行"水平而行远自迩，笃行不怠，编成这套乡村幼儿教师指导用书，是以欣以为序，也深表敬佩之情。

周念丽　华东师范大学
2021年12月3日写于厦门

前言

依法治园,依法治教

改革开放40多年来,我国学前教育发展经历了从"有园上"到"上好园"的跨越式发展,2019年全国学前教育毛入园率达到83.4%,教育质量不断提升。2020年9月,《中华人民共和国学前教育法草案(征求意见稿)》出台,助推《学前教育法》正式出台,进而不断"强化政府责任,保障学前教育的公共利益,确保幼儿教师的法律身份,保障教师工资等基本权益,建立教师补充机制,解决师资队伍问题"[①]等,使学前教育实践依法治教成为可能,为学前教育高速发展提供了制度保障。

即便如此,学前教育"入学难、入学贵"的老大难问题仍未得到有效解决,农村学前教育发展依旧滞后,农村幼儿教师队伍仍然短缺且素质有待提升,且在"普惠、优质、公平"取向下学前教育政策法规对学前教育实践的针对性、全面性指导还不充分。对于一线幼儿教师而言,依法治教,依法治园的能力还需提升,特别是乡村幼儿教师,对学前教育政策与法规的认知还需强化;不断提升自身的职业道德素养,向习近平总书记提出的"四有好教师"标准靠拢,助推学前教育健康、优质发展。

有学者对改革开放以来学前教育政策法规演进历程进行系统梳

---

① 张利洪.改革开放40年我国学前教育政策法规的历程、成就与反思[J].陕西师范大学学报(哲学社会科学版),2019(1):59.

理①,认为"改革开放40年学前教育政策法规演进划分为3个阶段:1978—1989年为学前教育政策法规的形成期,1990—2009年为学前教育政策法规的发展期,2010—2018年为学前教育政策法规的完善期";在此基础上,结合2020年学前教育立法工作的历史性进展,把改革开放学前教育政策法规演进再增加一个阶段,即第四阶段:2019—2020年,学前教育立法的实现期,伴随《学前教育法草案(征求意见稿)》的发布,准确定位了《学前教育法》的立法宗旨;保障了学前教育的公共属性,强化了政府的责任,学前教育理论和实践发展有了法律依据,学前教育实践中的难点问题得到了有针对性的关照和解决,学前教育进入了有法可依、依法治教的新时代。

在学前教育政策法规演进的不同阶段里,幼儿教师应明晰对学前教育发展具有推动作用的政策法规,了解这些政策法规对学前教育发展的价值和意义。如:一是学前教育政策法规的形成期。这一时期,学前教育政策法规发展中具有历史性的事件为1982年新宪法的颁布,从国家根本大法上确立了学前教育制度。宪法第19条规定:"国家举办各种学校,普及初等义务教育,发展中等教育、职业教育和高等教育,并且发展学前教育",而且"学前教育入宪为学前教育立法提供了最高的宪法保障"②。二是学前教育政策法规的发展期。《幼儿园工作规程(试行)》《幼儿园管理条例》的出台并实施,一定程度上有效提升了学前教育内部管理和保教质量发展,但政策法规的预见性还未得到充分体现。三是学前教育政策法规的完善期。这一时期,《国家中长期教育改革和发展规划纲要(2010—2020年)》正式颁布,确定了学前教育到2020年发展目标;并在此基础上,国务院在《关于当前发展学前教育的若干意见》中指出"学前教育体制、经费投入与管理、幼儿园管理与安全监管、统筹规划等作出了部署,成为新时期发展学前教育的总纲领,也拉开了我国学前教育政策法规高密集出台的序幕"③,这一时期出台的政策法规超过了过去30多年的总和。《3—6岁儿童学习与发展指南》(2012)、《幼儿园教师专业标准(试行)》(2012)、《幼儿园建设标准》(2016)、《幼儿园工作规程》(2016)等,都为学前教育科学保育与教育、学前师资队伍建设、学前基础设施建设等提供了指导和依据。四是学前教育立法实现期。学前教育进入依

---

① 张利洪.改革开放40年我国学前教育政策法规的历程、成就与反思[J].陕西师范大学学报(哲学社会科学版),2019(1):54-60.

② 张利洪.改革开放40年我国学前教育政策法规的历程、成就与反思[J].陕西师范大学学报(哲学社会科学版),2019(1):54-60.

③ 张利洪.改革开放40年我国学前教育政策法规的历程、成就与反思[J].陕西师范大学学报(哲学社会科学版),2019(1):54-60.

法办学新时代,学前教育的公益性属性、办学主体、责任主体、学前教育属性、幼儿教师的待遇及要求等现实问题得到有效解决,并探索法律对学前实践指导的具体方略,保障法律对不同地区、不同类型学前教育的效用。

虽然学前教育政策法规的发展有了历史性突破,但是我们还应清醒看到,由于城乡社会经济发展现实而导致的城市与农村学前教育发展的天然鸿沟依然存在。在城区里进好的、普惠性幼儿园难的问题依然存在,乡村学前教育发展缺专业幼儿教师、缺独立场地、缺科学保育与教育、缺规范化管理的现实依然存在;农村家庭上好的幼儿园的愿望依然强烈,这些现实问题,都提醒我们要关注农村学前教育发展,关注乡村幼儿教师专业素质的提升,实现乡村学前教育依法治教,减少教育差距。

为了全面落实"加快教育现代化、建设教育强国、办好人民满意的教育"的要求,为指导幼儿园管理者和幼儿园教师依法治园、依法治教,提升幼儿园教师专业素养,特编写《学前教育政策法规与乡村幼儿教师职业道德规范》。

《学前教育政策法规与乡村幼儿教师职业道德规范》以提升农村学前教育教师依法治教能力、乡村幼儿教师专业发展为目标,以助推学前教育内涵式发展为核心,以促进幼儿全面和谐发展为价值取向;通过对国际儿童权利保护经验学习、学前教育政策法规中对农村地区要求细则的了解、幼儿园政策法规及常见法律问题的解决、幼儿教师须知的教育政策与法规学习,助推农村地区学前教育依法办园、依法治教的实现。

在日常教学中,学前教育主管部门和幼儿园应增强法律意识,积极学习并运用学前教育政策法规解决学前教育现实问题,依法维护学前儿童、机构和幼儿教师的合法权益,实现学法、懂法、守法和用法,推动学前教育规范发展。

对于乡村幼儿教师职业道德规范及发展,应观照乡村幼儿教师生存境遇,回应乡村学前教育发展困境和现实,紧密结合习近平总书记"四有好教师"即"有理想信念、有道德情操、有扎实学识、有仁爱之心"的内涵和要求,通过学习、吸收经验、践行刚性要求,学习优秀乡村教师先进事迹,促使良好职业道德规范的不断养成,保障幼儿教师队伍的稳定性,为农村地区学前教育的规范发展提供优质的教师团队。

目录

上篇：学前教育政策法规　　　　　　　　　　　　　　　　　　　/001

第一章　儿童权利与保护　　　　　　　　　　　　　　　　　　/003

　　第一节 /《儿童权利公约》解读　　　　　　　　　　　　　　/005
　　第二节 /《中国儿童发展纲要（2021—2030年）》解读　　　　/012
　　第三节 /《中华人民共和国未成年人保护法》解读　　　　　　/017

第二章　学前教育政策与法规变迁的历程　　　　　　　　　　　/019

　　第一节 / 新中国成立后的学前教育政策与法规　　　　　　　/021
　　第二节 / 改革开放40多年来学前教育的政策与法规　　　　　/022

第三章　幼儿园相关政策法规的框架建构　　　　　　　　　　　/027

　　第一节 / 依法治园　　　　　　　　　　　　　　　　　　　/029
　　第二节 / 幼儿园的法律地位　　　　　　　　　　　　　　　/032
　　第三节 / 幼儿园相关政策与法规梳理　　　　　　　　　　　/035

第四章　幼儿园相关政策与法规的案例分析　　　　　　　　　　/041

　　第一节 / 幼儿园常见事故及法律处理路径　　　　　　　　　/043
　　第二节 / 幼儿教师的权利及典型案例　　　　　　　　　　　/047

第三节 / 幼儿教师的义务及典型案例　　/052

下　篇：乡村幼儿教师职业道德规范　　/063

第五章　乡村幼儿教师职业道德规范的文本解读　/065

　　第一节 / 爱国守法　　/067
　　第二节 / 爱岗敬业　　/069
　　第三节 / 关爱幼儿　　/072
　　第四节 / 教书育人　　/075
　　第五节 / 为人师表　　/079
　　第六节 / 终身学习　　/082

第六章　乡村幼儿教师职业道德养成的路径　/087

　　第一节 / 乡村幼儿教师职业道德现状　　/089
　　第二节 / 培养职业认同　　/092
　　第三节 / 树立终身学习理念　　/096
　　第四节 / 注重传统文化浸润　　/098
　　第五节 / 学习典型 崇敬榜样　　/102
　　第六节 / 敬畏法律 养成德育　　/103
　　第七节 / 提升专业素养　　/106
　　第八节 / 在实践中形成职业道德　　/109

参考文献　　/111

附录一：国家层面关于学前教育政策法规的清单　/113

附录二：地方层面(上海市、云南省)关于学前教育政策法规的清单　/115

| 上篇 |
学前教育政策法规

第一章 儿童权利与保护

学习目标

1. 《儿童权利公约》解读
2. 《中国儿童发展纲要(2021—2030年)》解读
3. 《中华人民共和国未成年人保护法》解读

思维导图

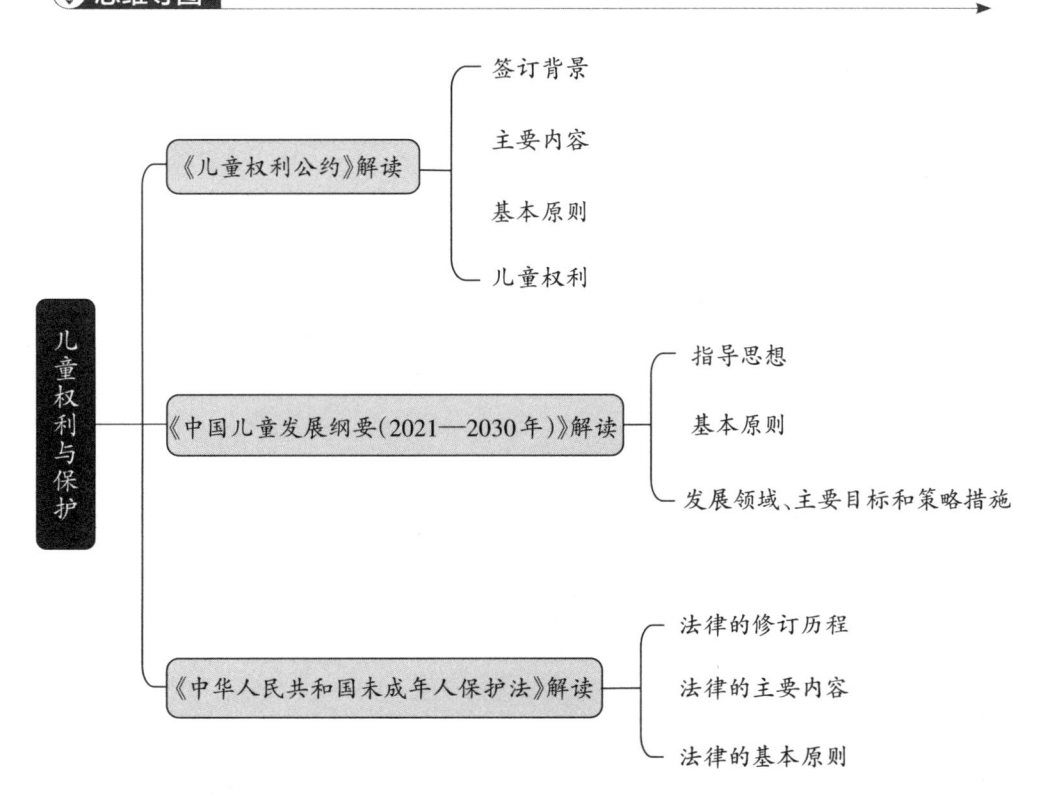

儿童权利与保护
- 《儿童权利公约》解读
  - 签订背景
  - 主要内容
  - 基本原则
  - 儿童权利
- 《中国儿童发展纲要(2021—2030年)》解读
  - 指导思想
  - 基本原则
  - 发展领域、主要目标和策略措施
- 《中华人民共和国未成年人保护法》解读
  - 法律的修订历程
  - 法律的主要内容
  - 法律的基本原则

小案例

随着农村父母外出务工,越来越多的孩子缺少母亲的关爱,父亲的呵护。2015年贵州省毕节市七星关区田坎乡4名留守儿童在家中疑似农药中毒,抢救无效死亡。4名儿童是四兄妹,最大的是哥哥,13岁,最小的是妹妹才5岁。4个孩子生前无大人照看,父母均在外打工,他们一直留守家中,穷得只吃玉米面。事发前1个月,4个孩子因为没有生活费而辍学在家,最终酿成了惨剧。

大思考

1. 儿童有哪些权利?如何保障儿童的权利?
2. 关于儿童的权利与保护,国家、政府提供了哪些支持?
3. 相关的法律和政策又是如何规定的?

儿童期是人的生理、心理发展的关键时期。为儿童的成长提供必要的条件,给予必需的保护、照顾和良好的教育,将为儿童一生的发展奠定重要的基础。无论是国际还是国内都十分重视儿童权利与保护。国际上,联合国《儿童权利公约》(以下简称《公约》)的颁布,成为国际广泛认可的国际公约。我国作为《公约》缔约国之一,一直坚持"儿童优先"的原则。从20世纪90年代开始,我国就根据国情发布了《九十年代中国儿童发展规划纲要》。这是我国第一部以儿童为主体、促进儿童发展的国家行动计划。之后的《中国儿童发展纲要(2001—2010年)》《中国儿童发展纲要(2011—2020年)》《中国儿童发展纲要(2021—2030年)》均以保障儿童的合法权益,提高儿童的整体素质,促进儿童的健康成长和全面发展为宗旨。《中华人民共和国未成年人保护法》的颁布及修订,更是我国与国际接轨,凸显儿童的权利主体地位,履行缔约国义务的具体体现,也是对《公约》的精神和四项基本原则的贯彻落实。

第一节 《儿童权利公约》解读

联合国1989年11月20日第44届联合国大会第25号决议通过了《儿童权利公约》(Convention on the Rights of the Child),以下简称《公约》。《公约》是第一部有关保障儿童权利且具有法律约束力的国际性约定,适用于全世界的儿童,即18岁以下的任何人,于1990年9月2日生效。1990年8月29日,中国常驻联合国大使代表中华人民共和国政府签署了《公约》,中国成为第105个签约国。1991年12月29日第七届全国人民代表大会常务委员会第23次会议决定:批准1989年11月20日由联合国大会通过的《儿童权利公约》,同时声明:中华人民共和国将在符合其宪法第二十五条关于计划生育的规定的前提下,并根据《中华人民共和国未成年人保护法》第二条的规定,履行《公约》第六条所规定的义务。1992年3月2日,中国常驻联合国大使向联合国递交了中国的批准书,从而使中国成为该公约的第110个批准国。该公约于1992年4月2日对中国生效。

一、签订背景

1923年,《儿童权利宪章》被救助儿童国际联盟所认可。1924年,第一份《日内瓦儿童权利宣言》诞生。联合国自1945年成立以来,一直关注儿童的幸福和权利问题,并于1946年12月11日设立了联合国儿童基金会。1948年,联合国大会通过的《世界人权宣言》,承认儿童必须受到特殊的照顾和协助。1959年11月20日又通过了《儿童权利宣言》,明确了各国儿童应当享有的各项基本权利,但不具有条约法的效力,而给儿童权利以条约法的保障已日益成为必要。1978年联合国人权委员会会议,波兰的亚当·洛帕萨教授倡议起草《儿童权利公约》。同年,联合国大会决定制定一份具有法律效力的《儿童权利公约》,并成立了起草工作组。1979年,《儿童权利公约》起草工作开始。1989年,历时10年,《儿童权利公约》的起草工作终于完成。11月20日在第44届联合国大会上《儿童权利公约》获得一致通过。1990年1月26日《儿童权利公约》向所有国家开放供签署,当天就有61个国家签署了该公约。《儿童权利公约》在获得20个国家批准加入之后,于9月2日正式生效。截至2015年10月,索马里批准加入《公约》后,全世界已有196个缔约国。美国是世界上唯一一个没有签署该公约的国家。

二、主要内容

《公约》由序言和54项条款组成,54项条款又分为三个部分。《公约》将儿童界定为18岁以下的任何人,除非对其适用之法律规定成年年龄低于18岁。

《公约》第1—41条为第一部分,主要强调必须重视和保护儿童最基本权利,而且这些权利必须依据公约的指导原则去实践,为《公约》主体部分。

《公约》第42—45条为第二部分,含括缔约国应履行推广公约、报告公约实行情况的义务,并规定了儿童权利委员会设立的程序及其职能。

《公约》第46—54条为第三部分,含括缔约国签署、批准、加入、退出等过程及联合国秘书长的职责。

三、基本原则

(一)不歧视(无差别原则/无歧视原则/非歧视性原则)

每一个儿童都平等地享有公约所规定的全部权利,儿童不应因其本人及其父母的种族、肤色、性别、语言、宗教、民族、财产状况和身体状况等受到任何歧视。例如《公约》第二条：缔约国应尊重本公约所载列的权利，并确保其管辖范围内的每一儿童均享受此种权利，不因儿童或其父母或法定监护人的种族、肤色、性别、语言、宗教、政治或其他见解、民族、族裔或社会出身、财产、伤残、出生或其他身份而有任何差别；缔约国应采取一切适当措施确保儿童得到保护，不受基于儿童父母、法定监护人或家庭成员的身份、活动、所表达的观点或信仰而加诸的一切形式的歧视或惩罚。

(二)儿童的最大利益

涉及儿童的一切行为，必须首先考虑儿童的最大利益。例如《公约》第三条：关于儿童的一切行动，不论是由公私社会福利机构、法院、行政当局或立法机构执行，均应以儿童的最大利益为一种首要考虑。

(三)确保儿童的生命权、生存权和发展权的完整

所有儿童都享有生存和发展的权利(两者完整兼具)，各国应最大限度地确保儿童的生存和发展。例如《公约》第六条：缔约国确认每个儿童均有固有的生命权；缔约国应最大限度地确保儿童的存活与发展。

(四)尊重儿童的意见

任何事情涉及儿童，均应听取儿童的意见。所有儿童，无论他们出生在哪里，属于哪个种族或民族，无论是男孩还是女孩，富有还是贫穷，都必须得到充分的机会，成为社会有用的成员，并且必须享有发言权，他们的声音也必须获得倾听。例如《公约》第十二条：缔约国应确保有主见能力的儿童有权对影响到其本人的一切事项自由发表自己的意见，对儿童的意见应按照其年龄和成熟程度给以适当的看待。

四、儿童权利

《公约》中提到的儿童权利多达几十种，如姓名权、国籍权、受教育权、健康权、医疗保健权、受父母照料权、娱乐权、闲暇权、隐私权、表达权等。以下列举5种最基本的权利：

(一)生存权

生存权,即每个儿童都有其固有的生命权和健康权。儿童作为公民享有公民所享有的一切人身权利,生存权是公民最重要的人身权,是进行其他一切活动的前提。对于儿童而言,生命权和健康权至关重要。《公约》第六条规定:缔约国确认每个儿童均有固有的生命权;缔约国应最大限度地确保儿童的存活与发展。第二十四条规定:缔约国确认儿童有权享有可达到的最高标准的健康,并享有医疗和康复设施;缔约国应努力确保没有任何儿童被剥夺获得这种保健服务的权利;缔约国应致力采取一切有效和适当的措施,以期废除对儿童健康有害的传统习俗。无论是国际还是国内的法律制度,都十分重视保护儿童的生命和健康。我国的《中国儿童发展纲要(2021—2030年)》《幼儿园教育指导纲要(试行)》与《公约》的精神一致,都是把保护幼儿的生命和健康放在首位。

案例1-1

4·28广西北流一幼儿园伤人事件

2021年4月28日下午2时许,广西北流市新丰镇健乐幼儿园,一名25岁男子闯入幼儿园中,持刀将幼儿园老师和学生砍伤。该事件造成2人死亡,16人受伤。犯罪嫌疑人曾某被北流警方当场抓获。审讯中发现犯罪嫌疑人曾某精神异常。4月29日,经司法鉴定机构鉴定,初步认定犯罪嫌疑人曾某为精神分裂症患者。

分析

此案件性质极其恶劣,严重危及了幼儿的生命与健康,令人十分痛心,也引发了社会强烈谴责。对此,教育部高度重视,要求各地各校全面加强校园安保措施,加强门卫值守和校园巡查警戒工作,严格执行中小学生和幼儿入校(园)、离校(园)交接制度,强化外来人员登记和车辆、物品检查,严防不法分子和危险物品进入校园,严防发生极端事件。同时,组织开展应急疏散演练和紧急避险教育,切实提升中小学生和幼儿自我保护意识、防护和逃生自救能力。

(二)受保护权

受保护权,即不受危害自身发展影响的、被保护的权利。《公约》第二条规定:缔约国应采取一切适当措施确保儿童得到保护,不受基于儿童父母、法定监护人或家庭成员的身份、活动、所表达的观点或信仰而加诸的一切形式的歧视或惩罚。第十九条规定:缔约国应采取一切适当的立法、行政、社会和教育措施,保护儿童在受父母、法定监护人或其他任何负责照管儿童的人的照料时,不致受到任何形式的身心摧残、伤害或凌辱,忽视或照料不周,虐待或剥削,包括性侵犯;这类保护性措施应酌情包括采取有效程序以建立社会方案,向儿童和负责照管儿童的人提供必要的支助,采取其他预防形式,查明、报告、查询、调查、处理和追究前述的虐待儿童事件,以及在适当时进行司法干预。

案例1-2

北京红黄蓝幼儿园虐童事件

2017年11月22日晚,有十余名幼儿家长反映该幼儿园幼儿遭遇老师扎针,并提供孩子身上多个针眼的照片。经公安机关调查,该幼儿园教师刘某某因部分儿童不按时睡觉,遂采用缝衣针扎的方式进行"管教"。刘某某因涉嫌虐待被看护人罪,被判处有期徒刑一年六个月,同时禁止其五年内从事未成年人看护教育工作。

分析

刘某某身为幼儿教师,本应对其看护的幼儿进行看管、照料、保护、教育,却违背职业道德和看护职责,使用针状物对多名幼童进行伤害,其行为严重损害了未成年人的身心健康,已构成虐待被看护人罪,侵犯了幼儿的生命权和健康权。幼儿是祖国的未来、民族的希望,是需要特殊保护的群体,其合法权益不容侵犯。

(三)发展权

发展权,即充分发展其全部体能和智能的权利。儿童有权接受正规和非正规的教育,以及儿童有权享有促进其身体、心理、精神、道德和社会发展的生活条件,父母或其他负责照顾儿童的人负有在其能力和经济条件许可范围内确保儿童发展所需生活条件的首要责任。《公约》第十八条规定:缔约国应采取一切适当措施确保就业父母的子女有权享受他们有资格得到的托儿服务和设施。第二十八条规定:缔约国确认儿童有受教育的权利,为在机会均等的基础上逐步实现此项权利;缔约国应采取一切适当措施,确保学校执行纪律的方式符合儿童的人格尊严及本公约的规定;缔约国应促进和鼓励有关教育事项方面的国际合作,特别着眼于在全世界消灭愚昧与文盲,并便利获得科技知识和现代教学方法。

案例1-3

4岁幼儿晚交学费就被退学

广州市民梁先生向记者求助,因银行卡余额不足,扣费不成功,孩子乐乐被幼儿园强行退学了。关于孩子被退学一事,家长和园方各执一词。家长表示,园长态度坚决,让他们"去别的幼儿园,我们这里不要"。然而,园长对家长所指"扣费不成功被退学"的情况,进行了否认。另外,似乎是为了力证自己做法合乎情理,还特意出示了"不按时缴费不保留学位"的通知。关于"不按时缴费不保留学位"的规定,当地教育局相关负责人明确表示,是否按时缴费,与保留学位与否,不挂钩,也没有直接联系。

分析

家长迟交学费,确实有错在先。但是幼儿园强行让孩子退学的行为无疑是欠妥的。受教育权是国家法律赋予孩子的一项基本权利。虽然幼儿园不属于九年义务教育范畴,但是每个适龄儿童都有接受教育的权利,不能无故被退学。此次意外的退学事件,也给孩子幼小的心灵留下不可磨灭的伤害,认为幼儿园不要自己了。

(四)参与权

参与权,即参与家庭、文化和社会生活的权利。儿童有参与社会生活的权利,有权对影响他们的一切事项发表自己的意见。儿童参与权不仅是儿童自身发展的需要,也是确保其各项权利得以真正实现的基础。只有儿童表达出自身的需要,成人才能真正地去保障其所需要的权利。《公约》第十二条规定:缔缔约国应确保有主见能力的儿童有权对影响到其本人的一切事项自由发表自己的意见,对儿童的意见应按照其年龄和成熟程度给以适当的看待。第三十一条规定:缔约国应尊重并促进儿童充分参加文化和艺术生活的权利,并应鼓励提供从事文化、艺术、娱乐和休闲活动的适当和均等的机会。在我国,《中国儿童发展纲要(2021—2030年)》中"儿童与环境"的目标之一是保障儿童参与家庭、学校和社会事务的权利,并通过"尊重儿童参与自身和家庭事务的权利,培养儿童参与意识和能力"。涉及儿童的法规政策制定、实施和评估以及重大事项决策,听取儿童意见。将儿童参与纳入学校、校外教育机构、社区工作计划。支持共青团、少先队、妇联等组织开展社会实践及体验活动。加强学校班委会和学生会建设,畅通学生参与学校事务的渠道。广泛开展儿童参与的宣传、教育和培训活动"的策略来保障儿童参与和表达的权利。

案例1-4

尊重幼儿参与活动的权利[①]

小红花幼儿园是一家以艺术见长的幼儿园,每到儿童节、国庆节等节日,总是会搞一些大型的文艺演出。为了提高节目的"质量",该幼儿园总是选择少数能歌善舞的幼儿参加歌舞节目排练和表演,而一些没有艺术特长的小朋友只能坐在一旁观看。有时教师为了选演员,把孩子挑来挑去,一会儿要,一会儿又换掉不要,甚至当着孩子的面说一些贬低孩子的话,大大伤害了孩子的自尊心和自信心。后来经过家长的反映和申诉,该幼儿园开始反思其做法的不良后果,决定变少数"尖子"表演为全体幼儿同乐,保证了每个孩子都有参与和发挥自己特长的机会。

分析

幼儿表演节目的关键在于自我情感的抒发,要让小演员、小观众都有参与的权利,都能"乐在其中",而不是一味追求节目的效果。该案例中小红花幼儿园从剥夺幼儿的参与权到积极发挥幼儿的参与权的转变,很好地体现了对幼儿参与权的重视。为保障幼儿参与权的实现,幼儿园教师应该充分尊重幼儿发表意见的权利,不让幼儿依附于成人的意志被动地参与活动。其次还应该帮助幼儿逐步提高活动参与的程度,让幼儿在关乎自己的事项上能提出自己的想法和看法,从而行使参与权。

[①] 洪秀敏.幼儿园教师必知的60条教育政策与法规[M].北京:中国轻工业出版社,2014:28.

第二节
《中国儿童发展纲要(2021—2030年)》解读

回顾《中国儿童发展纲要(2011—2020年)》(以下简称"纲要")实施的10年,2021年12月国家统计局根据《纲要》监测指标数据和相关资料,对《纲要》在健康、教育、福利、环境和法律保护等五个领域的实施情况进行了终期统计监测。结果显示:十年间,《纲要》主要目标如期实现,儿童健康状况持续改善,受教育水平不断提高,福利水平稳步提升,成长发展环境进一步优化,保护儿童的法规体系和体制机制进一步健全;但儿童发展的城乡区域差距依然明显,相关领域儿童权益保障工作仍需加强。[1]

当前,我国正处于社会的急剧转型期。站在新的历史起点上,需要进一步落实儿童优先原则,全面提高儿童综合素质,培养造就德、智、体、美、劳全面发展的社会主义建设者和接班人,引领亿万儿童勇担新使命、建功新时代。依据宪法和未成年人保护法等有关法律法规,按照国家经济社会发展的总体目标和要求,结合我国儿童发展的实际情况,参照联合国《儿童权利公约》和2030年可持续发展议程等国际公约和文件宗旨,2021年9月8日,国务院印发《中国儿童发展纲要(2021—2030年)》。

一、指导思想

《中国儿童发展纲要(2021—2030年)》高举中国特色社会主义伟大旗帜,深入贯彻党的十九大和十九届二中、三中、四中、五中全会精神,坚持以马克思列宁主义、毛泽东思想、邓小平理论、"三个代表"重要思想、科学发展观、习近平新时代中国特色社会主义思想为指导,坚定不移贯彻新发展理念,坚持以人民为中心的发展思想,坚持走中国特色社会主义儿童发展道路,坚持和完善最有利于儿童、促进儿童全面发展的制度机制,落实立德树人根本任务,优化儿童发展环境,保障儿童生存、发展、受保护和参与权利,全面提升儿童综合素质,为实现第二个百年奋斗目标、建设社会主义现

---

[1] 国家统计局.《中国儿童发展纲要(2011—2020年)》终期统计监测报告[N]. 中国信息报,2021-12-23(2).

代化强国奠定坚实的人才基础。

二、基本原则

（一）坚持党的全面领导。把握儿童事业发展的政治方向，贯彻落实党中央关于儿童事业发展的决策部署，切实把党的领导贯彻到儿童事业发展的全过程和各方面。

（二）坚持对儿童发展的优先保障。在出台法律、制定政策、编制规划、部署工作时优先考虑儿童的利益和发展需求。

（三）坚持促进儿童全面发展。尊重儿童的人格尊严，遵循儿童身心发展特点和规律，保障儿童身心健康，促进儿童在德智体美劳各方面全面发展。

（四）坚持保障儿童平等发展。创造公平社会环境，消除对儿童一切形式的歧视，保障所有儿童平等享有发展权利和机会。

（五）坚持鼓励儿童参与。尊重儿童主体地位，鼓励和支持儿童参与家庭、社会和文化生活，创造有利于儿童参与的社会环境。

三、发展领域、主要目标和策略措施

《中国儿童发展纲要（2021—2030年）》从儿童的健康、安全、教育、福利、家庭、环境、法律保护7个领域提出了到2030年儿童发展应达到的目标：保障儿童权利的法律法规政策体系更加健全，促进儿童发展的工作机制更加完善，儿童优先的社会风尚普遍形成，城乡、区域、群体之间的儿童发展差距明显缩小。儿童享有更加均等和可及的基本公共服务，享有更加普惠和优越的福利保障，享有更加和谐友好的家庭和社会环境。儿童在健康、安全、教育、福利、家庭、环境、法律保护等领域的权利进一步实现，思想道德素养和全面发展水平显著提升，获得感、幸福感、安全感明显增强。

针对上述7个领域，新《纲要》共设置了70项主要目标，89项策略措施。具体如下：

（一）儿童与健康

《中国儿童发展纲要（2021—2030年）》提出，到2030年，儿童在健康领域将达成12个目标，主要涵盖儿童健康服务体系、医疗保健服务、健康素养、死亡率、出生缺陷防治体系、常见疾病和恶性肿瘤、疫苗接种、儿童早期发展服务供给、贫血率和生长迟缓率、超重和肥胖、近视率、体质健康达标优良率、心理健康、性教育等方面。为完成这些目标,提出了优先保障儿童健康,完善儿童健康服务体系,加大儿童健康知识宣传普及力度,保障新生儿安全与健康,加强出生缺陷综合防治,加强儿童保健服务和管理,强化儿童疾病防治,加强儿童免疫规划疫苗管理和预防接种,加强儿童早期发展服务,改善儿童营养状况,有效控制儿童近视,增强儿童身体素质,加强儿童心理健康服务,为儿童提供性教育和性健康服务,加强儿童健康领域科研创新,共15个方面的策略措施。

(二)儿童与安全

目前,意外伤害已经代替疾病成为儿童致死的第一位因素。《中国儿童发展纲要(2021—2030年)》新增"儿童与安全"领域,提出了减少儿童伤害所致死亡和残疾,降低儿童溺水死亡率,推广使用儿童安全座椅和安全头盔,减少儿童意外伤害的发生、致残和死亡,有效保障儿童食品安全,提升儿童用品质量安全水平,预防和制止针对儿童一切形式的暴力,提高对学生欺凌的综合治理能力,预防和干预儿童沉迷网络,完善儿童遭受意外和暴力伤害的监测报告系统10个目标。对应目标,提出创建儿童安全环境,建立健全儿童伤害防控工作体系,预防和控制儿童溺水,预防和控制儿童道路交通伤害,预防和控制儿童跌倒、跌落、烧烫伤、中毒等伤害,加强儿童食品安全监管,预防和减少产品引发的儿童伤害,预防和控制针对儿童的暴力伤害,加强对学生欺凌的综合治理,加强未成年人网络保护,提高对儿童遭受意外和暴力伤害的紧急救援、医疗救治、康复服务水平,完善监测机制,共12个方面的策略措施。

(三)儿童与教育

《中国儿童发展纲要(2021—2030年)》提出,儿童在教育领域将达成9个目标,涵盖立德树人根本任务、学前教育、义务教育、高中阶段教育、特殊群体教育、科学素质、教育评价体系、校园文化建设、学校家庭社会协同育人机制。其中学前儿童教育发展的目标是适龄儿童普遍接受有质量的学前教育,学前教育毛入园率达到并保持在90%以上,策略措施为逐步推进学前教育全面普及。具体内容为继续实施学前教育行动计划,重点补齐人口集中流入地、农村地区、欠发达地区、民族地区以及城市薄弱地区的普惠性资源短板,基本实现学前教育公共服务体系全覆盖。加强学前幼儿普通话教育,推进学前学会普通话。严格落实城镇小区配套幼儿园政策,鼓励国有企事业单位、街道、村集体举办公办幼儿园。健全普惠性学前教育成本分担机制,建立公办园收费标准动态调整机制,加强非营利性民办园收费监管,遏制过度逐利行为。注重科学保教,建立健全幼儿园保教质量监测体系,坚决克服和纠正"小学化"倾向,全面提升保教质量。另外,其他方面相关措施还有广泛开展性别平等教育;全面推进融合教育,大力发展残疾儿童学前教育;开展学前科学启蒙教育;加强中小学、幼儿园、社区家长学校、家长委员会建设,普及家庭教育知识,推广家庭教育经验。

(四)儿童与福利

《中国儿童发展纲要(2021—2030年)》针对儿童福利提出了11个目标,具体为:提升儿童福利水平,基本建成与经济社会发展水平相适应的适度普惠型儿童福利制度体系;面向儿童的基本公共服务均等化水平明显提高,城乡、区域和不同群体儿童的公共服务需求得到公平满足;巩固提高基本医疗保障水平,保障儿童基本医疗权益;构建连续完整的儿童营养改善项目支持体系;加快普惠托育服务体系建设,托育机构和托位数量持续增加;孤儿、事实无人抚养儿童、残疾儿童、流浪儿童生存、发展和安全权益得到有效保障;留守儿童关爱服务体系不断完善,流动儿童服务机制更加健全;城乡社区儿童之家覆盖率进一步巩固提高,服务能力持续提升;监测预防、强制报告、应急处置、评估帮扶、监护干预"五位一体"的基层儿童保护机制有效运行。县级以上人民政府开通并有效运行全国统一的儿童保护热线;基层儿童福利工作阵地和队伍建设进一步加强;为儿童服务的社会组织和儿童社会工作专业队伍明显壮大。为达成目标,完善儿童福利保障和救助制度体系,提高面向儿童的公共服务供给水平,做好儿童医疗保障工作,推进实施儿童营养改善项目,发展普惠托育服务体系,加强孤儿和事实无人抚养儿童保障,落实残疾儿童康复救助制度,加强流浪儿童救助保护工作,加强留守儿童关爱保护,完善流动儿童服务机制,提高儿童之家建设、管理和服务水平,建立健全基层儿童保护机制,提升未成年人救助保护机构、儿童福利机构和基层儿童工作队伍服务能力,支持引导社会力量参与儿童保护和服务工作,共14个方面的策略措施。

(五)儿童与家庭

为更好地发挥家庭家教家风在促进儿童健康成长中的重要作用,《中国儿童发展纲要(2021—2030年)》新增了"儿童与家庭"领域。提出发挥家庭立德树人第一所学校作用,培养儿童的好思想、好品行、好习惯;尊重儿童主体地位,保障儿童平等参与自身和家庭事务的权利;教育引导父母或其他监护人落实抚养、教育、保护责任,树立科学育儿理念,掌握运用科学育儿方法;培养儿童成为好家风的践行者和传承者;增强亲子互动,建立平等和谐的亲子关系;覆盖城乡的家庭教育指导服务体系基本建成,指导服务能力进一步提升;支持家庭生育养育教育的法律法规政策体系基本形成;提升家庭领域理论和实践研究水平,促进成果转化应用8个目标。对应目标采取将立德树人落实到家庭教育各方面,尊重儿童主体地位和权利,增强监护责任意识和能力,用好家风培养熏陶儿童,培育良好亲子关系,构建覆盖城乡的家庭教育指导服务体系,强化对家庭教育指导服务的支持保障,完善支持家庭生育养育教育的法律法规政策,加强家庭领域理论和实践研究,共9个方面的策略措施。

(六)儿童与环境

《中国儿童发展纲要(2021—2030年)》为保障社会环境有利于儿童健康发展,提出了10项目标,具体包括:将儿童优先理念落实到公共政策制定、公共设施建设、公共服务供给各方面,尊重、爱护儿童的社会环境进一步形成;提供更多有益于儿童全面发展的高质量精神文化产品;保护儿童免受各类传媒不良信息影响,提升儿童媒介素养;儿童参与家庭、学校和社会事务的权利得到充分保障;建设儿童友好城市和儿童友好社区;增加公益性儿童教育、科技、文化、体育、娱乐等校外活动场所,提高利用率和服务质量;减少环境污染对儿童的伤害,农村自来水普及率达到90%,稳步提高农村卫生厕所普及率;提高儿童生态环境保护意识,帮助养成绿色低碳生活习惯;预防和应对突发事件时充分考虑儿童的身心特点,优先满足儿童的特殊需求;儿童事务国际交流与合作广泛开展,在促进全球儿童事业发展中的作用进一步彰显。为了达成目标,提出了12方面的策略措施,主要有:全面贯彻儿童优先原则,提升面向儿童的公共文化服务水平,加强新闻出版、文化等领域市场监管和执法,规范与儿童相关的广告和商业性活动,加强儿童媒介素养教育,保障儿童参与和表达的权利,开展儿童友好城市和儿童友好社区创建工作,加大儿童校外活动场所建设和管理力度,优化儿童健康成长的自然环境和人居环境,创新开展面向儿童的生态文明宣传教育活动,在突发事件预防和应对中加强对儿童的保护,开展促进儿童发展的国际交流与合作。

(七)儿童与法律保护

法律是儿童发展的根本保障,《中国儿童发展纲要(2021—2030年)》提出10条目标:完善保障儿童权益的法律体系;加强保障儿童权益的执法工作;完善司法保护制度,司法工作体系满足儿童身心发展特殊需要;儿童法治素养和自我保护意识进一步提升,社会公众保护儿童的意识和能力进一步提高;依法保障儿童的民事权益;落实儿童监护制度,保障儿童获得有效监护;禁止使用童工,禁止对儿童的经济剥削,严格监管安排儿童参与商业性活动的行为;依法严惩性侵害、家庭暴力、拐卖、遗弃等侵犯儿童人身权利的违法犯罪行为;依法严惩利用网络侵犯儿童合法权益的违法犯罪行为;预防未成年人违法犯罪,对未成年人违法犯罪实行分级干预,降低未成年人犯罪人数占未成年人人口数量的比重。针对目标提出14条策略措施:完善落实保障儿童权益的法律法规,严格保障儿童权益执法,健全未成年人司法工作体系,加强对未成年人的特殊司法保护,依法为儿童提供法律援助和司法救助,加强儿童保护的法治宣传教育,全面保障儿童的民事权益,完善落实监护制度,严厉查处使用童工等违法犯罪行为,预防和依法严惩性侵害儿童违法犯罪行为,预防和依法严惩对儿童实施家庭暴力的违法犯罪行为,严厉打击拐卖儿童和引诱胁迫儿童涉毒、涉黑涉恶等违法犯罪行为,严厉打击侵犯儿童合法权益的网络违法犯罪行为,有效预防未成年人违法犯罪。

第三节 《中华人民共和国未成年人保护法》解读

《中华人民共和国未成年人保护法》是我国第一部保障未成年人合法权益的全国性专门法律,具有划时代的标志性意义。其制定目的是保护未成年人身心健康,保障未成年人合法权益,促进未成年人德智体美劳全面发展,培养有理想、有道德、有文化、有纪律的社会主义建设者和接班人,培养担当民族复兴大任的时代新人。

一、法律的修订历程

《中华人民共和国未成年人保护法》是根据宪法制定的法律,最早于1991年9月4日由中华人民共和国第七届全国人民代表大会常务委员会第二十一次会议通过,自1992年1月1日起施行。2006年12月29日,第十届全国人民代表大会常务委员会第二十五次会议第一次修订。2012年10月26日第十一届全国人民代表大会常务委员会第二十九次会议《关于修改〈中华人民共和国未成年人保护法〉的决定》修正。2020年10月17日第十三届全国人民代表大会常务委员会第二十二次会议第二次修订,自2021年6月1日起施行。

二、法律的主要内容

1991年《中华人民共和国未成年人保护法》分为总则、家庭保护、学校保护、社会保护、司法保护、法律责任及附则,共七章54条。

2006年及2012年局部修订,在原有制度框架下条文总量增加到72条。

2020年修订后的未成年人保护法分为总则、家庭保护、学校保护、社会保护、网络保护、政府保护、司法保护、法律责任和附则,共九章132条。较1991年的《中华人民共和国未成年人保护法》,2020年修正案于社会保护一章之后、司法保护一章之前增加了网络保护、政府保护两个专章。一方面,面对网络空间发展的逐渐成熟,未成年人参与网络活动的比重不断上升的社会背景,为了推动对未成年人网络保护的系统化,将原先零散于社会保护章节中的网络保护规范设立独立篇章,并在一定程度上细化相关责任主体的具体职责。另一方面,为突出国家、政府在未成年人保护中的责任主体地位,强调政府在未成年人保护方面担任的重要角色,设立政府保护专章。网络保护、政府保护两个专章的设立是此次修法的重要进步。

三、法律的基本原则

2020年修订后的《中华人民共和国未成年人保护法》明文规定了保护未成年人,处理涉及未成年人事项应当坚持"最有利于未成年人的原则",并将"最有利于未成年人的原则"作为未成年人保护法的基本原则。这一原则是2020年修正案的基本精神线索与核心价值导向。未成年人保护法的整体规范结构、新增法律制度及现有制度的更新皆以实现最有利于未成年人为最高意旨。

第二章
学前教育政策与法规变迁的历程

学习目标

1. 新中国成立后的学前教育政策与法规
2. 改革开放40多年来学前教育的政策与法规

思维导图

学前教育政策与法规变迁的历程
- 新中国成立后学前教育的政策与法规
  - 初创时期（1949—1978年）
  - 有关农村地区的相关内容
- 改革开放40多年来学前教育的政策与法规
  - 恢复重建时期（1978—1986年）
  - 规范化和多元办学体制时期（1987—1995年）
  - 改革与提高时期（1996—2009年）
  - 全面普及时期（2010年至今）

小案例

教育部于2021年8月27日发布《2020年全国教育事业发展统计公报》，数据显示全国共有幼儿园29.17万所，比上年增加1.05万所，增长3.75%。其中，普惠性幼儿园23.41万所，比上年增加3.12万所，增长15.40%，占全国幼儿园的比例80.24%。学前教育入园幼儿1791.40万人；在园幼儿4818.26万人，比上年增加104.38万人，增长2.21%。其中，普惠性幼儿园在园幼儿4082.83万人，比上年增加499.88万人，增长13.95%，占全国在园幼儿的比例84.74%。学前教育毛入园率达到85.2%，比上年提高1.8个百分点。幼儿园教职工519.82万人，比上年增加28.24万人，增长5.75%；专任教师291.34万人，比上年增加15.03万人，增长5.44%。

大思考

1. 相比新中国成立初期，直至2020年，我国学前教育蓬勃发展的原因是什么？
2. 与新中国成立初期相比，我国学前教育的发展得到哪些政策法规的支持？

学前教育是国家重要的民生问题。新中国成立以后,为了让妇女安心工作,解决其照顾和教育孩子的后顾之忧,国家大力发展学前教育。学前教育被纳入学制,并对其任务、目标、原则、教学等内容进行规定。"文化大革命"时期,学前教育发展一度受到挫折。改革开放以后,党和政府一直重视学前教育的发展。特别是近10年,学前教育实现了跨越式发展,这其中也经历了一些曲折的发展历程。

第一节 新中国成立后的学前教育政策与法规

一、初创时期(1949—1978年)

新中国成立后,于1951年颁布了第一个学制管理规定《关于改革学制的决定》。学前教育成为新学制的第一环,实施学前教育的组织为幼儿园,招收三足岁到七足岁的幼儿,使他们的身心在入小学前获得健全的发育。1952年颁布了《幼儿园暂行规程(草案)》(以下简称《规程(草案)》)和《幼儿园暂行教学纲要(草案)》(以下简称《纲要(草案)》)。这些政策性文件为当时学前教育事业的发展指明了方向,为我国幼儿园教育正规化发展提供了纲领性依据。《规程(草案)》共八章,对幼儿园的任务、目标、学制、设置、教养原则、教养活动项目、入园、结业、经费、设备等做了规定。《纲要(草案)》对幼儿园的任务、培养目标、教养原则、教养活动项目等做了更为详细的规定。强调了幼儿园具有教养幼儿、减轻母亲负担的双重任务;提出了初步的全面发展教养工作,包括体育、语言、认识环境、图画手工、音乐、计算六项教育。1956年教育部、卫生部和内务部发布了《关于托儿所幼儿园几个问题的联合通知》,明确了托儿所、幼儿园的领导体系。这一阶段,为了让更多的妇女走出家庭,参与劳动和社会工作,国家大力发展学前教育,帮助妇女解决照顾和教育孩子的问题。

二、有关农村地区的相关内容

《幼儿园暂行规程(草案)》第6条规定:各地为适应特殊需要,得采取办理寄宿制幼儿园,供给、照顾幼儿的膳宿,以便利幼儿的父母工作;办理季节性幼儿园(班),以便利在农业、游牧、捕鱼和蚕业等地区的劳动妇女进行生产。1956年,教育部、卫生部和内务部《关于托儿所幼儿园几个问题的联合通知》指出:在农村提倡农业生产合作社举办(主要是季节性托儿所和幼儿园。这一时期,明确了农村学前教育办园主体以公社集体、农村生产队为主,让更多妇女走出家庭、投身劳动事业是发展学前教育的主要目的)。

1958—1960年间,不少农村生产队兴建托儿所、幼儿园,乡镇、公社也纷纷普及学前教育,农村幼儿园数量急剧增长,出现了与当地经济发展水平不符,重数量轻质量的"假大空"状况。1961年,在中央"八字方针"的指导下,我国农村地区的多数幼儿园被撤销和停办。经过整顿,农村学前教育逐步恢复正常的发展秩序。

第二节
改革开放40多年来学前教育的政策与法规

一、恢复重建时期(1978—1986年)

1978年党的十一届三中全会召开后,全国教育处于恢复和重建中,这一时期学前教育的发展以政府为主导。为了恢复和重建我国学前教育,教育部、卫生部、国家劳动总局等联合召开了全国托幼工作会议,并成立托幼工作领导小组,对我国城乡的托幼工作进行拨乱反正。1979年,中共中央、国务院转发《全国托幼工作会议纪要》,指出在"文化大革命"中,中国托幼事业遭受严重摧残,鼓励各单位、街道、农村积极兴办多种形式的托幼机构。[①]此时期颁布了多种学前教育法规,有城市托幼机构文件、托幼机构教育纲要,也有农村幼教文件。如:1979年《城市幼儿园工作条例》、1980年《托

---

① 中国学前教育研究会.中华人民共和国幼儿教育重要文献汇编[M].北京:北京师范大学出版社,1999:114.

儿所、幼儿园卫生保健制度(草案)》、1981年《幼儿园教育纲要》、1983年《关于加强和改革农村学校教育若干问题的通知》和《关于发展农村幼儿教育的几点意见》、1986年《关于进一步办好幼儿学前班的意见》。这一时期，我国大力发展公办幼儿园，加强对学前教育的统一领导，发展学前班以拓展幼儿教育的入园规模。所颁布的学前教育政策不仅恢复了之前被破坏的工作秩序，还推动了学前教育走上规范化和科学化之路。

其中有关农村地区的一些具体内容。1983年5月，中共中央、国务院发布了《关于加强和改革农村学校教育若干问题的通知》，强调要"积极发展幼儿教育"。9月，教育部发布《关于发展农村幼儿教育的几点意见》，要求发动农村群众办园的积极性，提倡县镇各企、事业单位办园，恢复和发展教育部门办园。这一时期，发展学前教育提倡"两条腿走路"（"两条腿"指公办园与民办园并举），但也重在通过发展公办园来发展学前教育。同时，为了发展学前教育事业还创新多种办园形式，农村地区可独立办园或在有条件的小学附设园。改革开放初期，由于国家财力、办学经费有限，广大农村地区出现了以学前班为主的学前教育组织形式。学前班不仅适应了当时的国情，也满足当时农村人民群众对学前教育的需求，更有利于幼儿顺利进入基础教育阶段的学习，是发展农村学前教育的重要途径。因此，学前班在农村地区得到了蓬勃发展。1986年，国家教育委员会印发《关于进一步办好幼儿学前班的意见》，规定了学前班今后的发展方向，包括办班的指导意见、教育活动要求、师资培训以及办班基础条件等。恢复重建时期，我国农村学前教育政策主要坚持"两条腿走路"的教育方针，在农村地区采用兴办学前班的教育方式，为农村学前教育事业的发展做出重要贡献。

二、规范化和多元办学体制时期(1987—1995年)

1987年《全日制、寄宿制幼儿园编制标准(试行)》《托儿所、幼儿园建筑设计规范》《关于明确幼儿教育事业领导管理职责分工请求的通知》，1988年《关于加强幼儿教育工作的意见》、国家教委《社会力量办学教学管理暂行规定》，1989年《幼儿园工作规程(试行)》和《幼儿园管理条例》，1991年《关于加强幼儿园安全工作的通知》，1993年《中国教育改革和发展纲要》，1994年《托儿所、幼儿园卫生保健管理办法》和1995年《中外合作办学的暂行规定》等政策文件颁布。这一方面标志着我国学前教育管理工作趋于规范化和标准化。另一方面，反映出这一时期学前教育的发展主要以引入社会力量提高学前教育半学规模,贯彻"两条腿走路"的方针,公办园与民办园并举,同时采取先城市后农村发展学前教育的思路。

有关农村地区的一些内容。1991年,国家教育委员会颁布《关于改进和加强学前班管理的意见》,对农村学前班的性质、举办学前班的原则、学前班的领导和管理等做出了明确规定。1996年国家教育委员会颁布《学前班工作评估指导要点》,要求加强对学前班工作评估的指导和科学管理,全面提高学前班的教育质量。1993年2月13日,中共中央、国务院印发了《中国教育改革和发展纲要》,指出要推进对农村、城市、企业的教育综合改革。1997年,《全国幼儿教育事业"九五"发展目标实施意见》中提出"九五"期间幼儿教育事业发展总目标为"到2000年,全国学前三年幼儿入园(包括学前班)率达到45%以上,大中城市基本解决适龄幼儿入园问题,农村学前一年幼儿入园(班)率达到60%以上"。

三、改革与提高时期(1996—2009年)

随着社会主义市场经济的发展,我国的教育也进入了改革与提高期。"优先发展教育""科教兴国战略""全面推进素质教育"是这一时期教育改革的大背景。1996年,国家教育委员会颁布了《幼儿园工作规程》,对幼儿园开展各项工作起着指导作用,是幼儿园开展保教工作的基本依据和规范。教育部为全面推进教育的改革和发展于1998年颁布了《面向21世纪教育振兴行动计划》。2001年,教育部颁布《幼儿园教育指导纲要(试行)》,凸显出新的课程理念和价值取向,是21世纪幼儿园课程改革的指南,标志着学前教育课程改革进入一个崭新的阶段。2001年,《中国儿童发展纲要(2001—2010年)》按照《中华人民共和国国民经济和社会发展第十个五年计划纲要》的总体要求,根据我国儿童发展的实际情况,以促进儿童发展为主题,以提高儿童身心素质为重点,以培养和造就21世纪社会主义现代化建设人才为目标,从儿童与健康、儿童与教育、儿童与法律保护、儿童与环境4个领域,提出了2001—2010年的目标和策略措施。2003年教育部等部门颁布的《关于幼儿教育改革与发展的指导意见》进一步深化了学前教育事业改革,明确了各级政府在学前教育事业发展中的责任。这一时期,学前教育的发展形成以政府主导、公办民办并举的格局。

有关农村地区的一些内容。2003年9月,国务院出台了《关于进一步加强农村教育工作的决定》,明确了地方各级政府要重视并扶持农村幼儿教育的发展。2006年2月,教育部颁布了《关于大力推进城镇教师支援农村教育工作的意见》,规定省级教育行政部门要为农村学前教育师资队伍注入新的力量。2007年,教育部颁布的《关于加强民办学前教育机构管理工作的通知》规范了民办幼儿园的办学条件,加强民办园的管理,促进农村民办园的健康发展。同年教育部等还颁布了《关于加强农村中小学生幼儿上下学乘车安全工作的通知》,强调农村地区校车安全问题。

四、全面普及时期(2010年至今)

2010年国务院颁布《国家中长期教育改革和发展规划纲要(2010—2020年)》,提出了学前教育未来10年的发展目标,以及"基本普及学前教育、明确政府职责、重点发展农村学前教育"的发展任务。同年,国务院又印发了《关于当前发展学前教育的若干意见》,着力解决当前存在的"入园难"问题,满足适龄儿童入园需求,强调"把发展学前教育摆在更加重要的位置",提出大力发展公办幼儿园,坚持公益性和普惠性,努力构建覆盖城乡、布局合理的学前教育公共服务体系,并推动实施学前教育三年行动计划。为促进地方人民政府及相关部门切实履行发展学前教育的职责,全面实施学前教育三年行动计划,2012年教育部印发《学前教育督导评估暂行办法》。2012年教育部颁布了《3—6岁儿童学习与发展指南》,是引领广大幼教工作者全面提升科学保教水平的里程碑式文件。2018年又印发了《关于开展幼儿园"小学化"专项治理工作的通知》,促进幼儿园树立科学保教观念,落实以游戏为基本活动,坚决纠正"小学化"倾向,切实提高幼儿园科学保教水平,促进幼儿身心健康发展。自2010年来,国家相继出台了《幼儿园教师专业标准(试行)》《幼儿园园长专业标准》《教师教育课程标准(试行)》等文件,是全面提高幼儿园教师质量,促进教师专业成长,深化学前教育专业人才培养的指导性文件。还印发了《关于加强幼儿园教师队伍建设的意见》,进一步加强教师队伍建设。2018年中共中央、国务院印发《关于学前教育深化改革规范发展的若干意见》,进一步指出要切实办好新时代学前教育,更好实现幼有所育。2020年,教育部公布《中华人民共和国学前教育法草案(征求意见稿)》,旨在健全学前教育法律制度,促进学前教育事业健康发展。2021年教育部印发了《关于大力推进幼儿园与小学科学衔接的指导意见》,旨在全面推进幼儿园与小学科学有效衔接。至此,我国学前教育正在向着内涵式发展。

有关农村地区的一些内容。为重视教育公平、公正、教育普及,解决农村教育发展不平衡、不充分的问题,实现学前教育治理现代化,国家采取一定的倾斜政策,有意将政策倾斜,确保农村地区享受到放宽或优惠政策,促进农村学前教育的发展。2010年之后,我国对农村学前教育政策的倾斜主要体现在:政府的主导地位和职责进一步明确;健全以农村为重点的经费投入机制;实施学前三年行动计划,大力兴办普惠性幼儿园;完善农村幼儿教师培训体系等方面。如2010年,《国家中长期教育改革和发展规划纲要(2010—2020年)》提出,重点发展农村学前教育,采取多种形式扩大农村学前教育资源,努力提高农村学前教育普及程度。随后,国务院出台了《关于当前发展学前教育的若干意见》,也对农村学前教育的财政投入、师资待遇方面做了一定的政策倾斜。2011年起,教育部实施"幼儿教师国培计划",对中西部地区农村公办幼儿园(含部门、集体办幼儿园)和普惠性民办幼儿园园长、骨干教师、转岗教师进行专业培训。2016年,国务院办公厅印发了《关于加快中西部教育发展的指导意见》,支持中西部等地区发展农村学前教育。2019年2月,中共中央、国务院印发的《中国教育现代化2035》明确提出了要以农村为重点提高我国学前教育普及水平。同时,为解决当前乡村教师队伍建设过程中存在的一些问题,2015年6月1日国务院办公厅印发了《乡村教师支持计划(2015—2020年)》,全面部署乡村教师队伍建设工作。

第三章
幼儿园相关政策法规的框架建构

学习目标

1. 幼儿园依法治园的必要性、紧迫性
2. 幼儿园的法律地位及权利、义务
3. 幼儿园相关政策、法规的内容及要求

思维导图

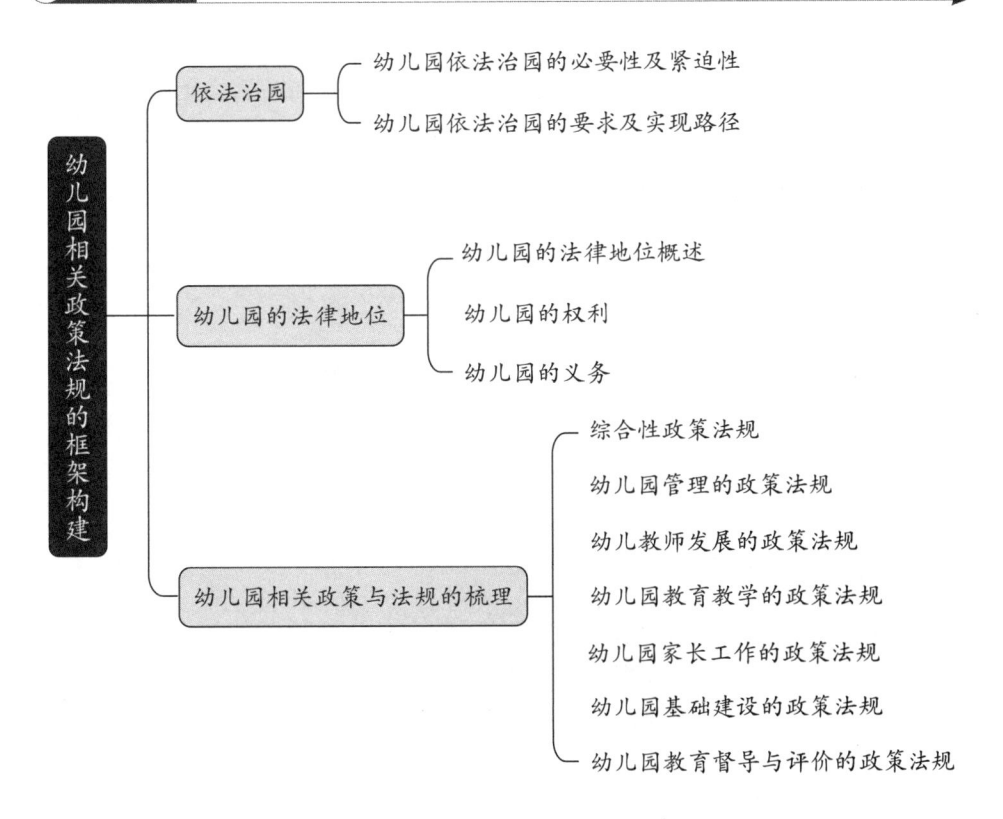

- 幼儿园相关政策法规的框架构建
  - 依法治园
    - 幼儿园依法治园的必要性及紧迫性
    - 幼儿园依法治园的要求及实现路径
  - 幼儿园的法律地位
    - 幼儿园的法律地位概述
    - 幼儿园的权利
    - 幼儿园的义务
  - 幼儿园相关政策与法规的梳理
    - 综合性政策法规
    - 幼儿园管理的政策法规
    - 幼儿教师发展的政策法规
    - 幼儿园教育教学的政策法规
    - 幼儿园家长工作的政策法规
    - 幼儿园基础建设的政策法规
    - 幼儿园教育督导与评价的政策法规

小案例

某日,某幼儿园小班教师组织室内教学活动时,小明与小强相邻,在毫无征兆的情况下,小明突然俯身,对准小强的裆部——生殖器部位猛咬一口。教师发现后迅速予以制止,并及时将幼儿送往医院,同时电话通知小强家长。医院诊断,只是皮外伤,无大碍,可回家休养观察。幼儿园为小强缴纳了医疗费用,并派幼儿园管理人员前往家中探望。休养一段时间后,家长以小强在幼儿园受伤为由,提出幼儿园需赔偿各项经济损失5万元的要求,幼儿园建议通过司法程序合理解决此事。小强家长多次到幼儿园无理取闹,严重干扰了幼儿园正常的教学秩序。经公安机关对家长说服教育,小强家长停止违法行为,向人民法院提起诉讼,要求幼儿园赔偿其误工费、交通费、后续治疗费费、精神抚慰金,共计5万元。

大思考

1. 发生纠纷后,幼儿园园长或教师是"花钱以息事宁人"还是依法处理?
2. 案例中体现了幼儿园哪些权利和义务?
3. 幼儿园如何维护园方的合法权益?

第一节
依法治园

2018年11月29日,全国教育法治工作会议在北京召开,研究部署新时代教育法治建设任务,为加快推进教育现代化、建设教育强国、办好人民满意的教育提供坚实的法治保障。会上陈宝生部长指出:"全面推进依法治教是贯彻落实习近平总书记全面依法治国新理念新思想新战略的重大政治任务";教育系统上下要"着力在立法、修法、尊法、护法、传法、用法、执法、守法、学法、研法等十个方面下功夫,加快推进依法治教、依法办学、依法治校";发挥"教育法治在教育现代化进程中具有引领性、基础性、规范性、保障性的重要地位和作用"。

学前教育作为学制的起始阶段,幼儿园作为学前教育实践具体实施的场所;幼儿园园长、幼儿教师及其后勤人员等作为学前教育的教育者和实践者,在学前教育实践中应严格遵照"依法治教、依法办学、依法治校"原则和要求进行;面对幼儿园办学、管理、教育教学等问题时,首先要"想法,从法律中找依据、找手段、找办法,善于用法解决问题"[1];幼儿园园长在管理中要不断形成并牢固树立法治思维,幼儿教师在教育教学中要运用法治方式,"做到在法治之下、而不是法治之外、更不是法治之上想问题、作决策、办事情"[2],在尊重幼儿发展、保护幼儿合法权益的基础上,运用法律知识、手段依法处理。

一、幼儿园依法治园的必要性及紧迫性

2018年9月10日,全国教育大会在北京召开,习近平总书记指出:党的十九大从新时代坚持和发展中国特色社会主义的战略高度,作出了优先发展教育事业、加快教育现代化、建设教育强国的重大部署。"纵观近现代发展史,世界强国无一不是依靠教

---

[1] 陈宝生.全面推进依法治教 为加快教育现代化、建设教育强国提供坚实保障——在全国教育法治工作会议上的讲话[J].国家教育行政学院学报,2019(1):3-9.

[2] 陈宝生.全面推进依法治教 为加快教育现代化、建设教育强国提供坚实保障——在全国教育法治工作会议上的讲话[J].国家教育行政学院学报,2019(1):3-9.

育法治促进和巩固教育进步,以实现教育现代化。德国在17—18世纪颁布的一系列义务教育法令,英国在19世纪下半叶之后颁布的一系列教育法案"[1];法国于20世纪出台新"教育改革法令"、《富尔法案》、《高等教育法案》等,这些都对西方各国教育现代化进程起到了重要推动作用。习近平总书记亦指出:"法治和人治问题是人类政治文明史上的一个基本问题,也是各国在实现现代化过程中必须面对和解决的一个重大问题。综观世界近现代史,凡是顺利实现现代化的国家,没有一个不是较好解决了法治和人治问题的。相反,一些国家虽然也一度实现快速发展,但并没有顺利迈进现代化的门槛,而是陷入这样或那样的'陷阱',出现经济社会发展停滞甚至倒退的局面。"[2]所以,对于我国教育现代化,法治建设步伐刻不容缓。

  幼儿园作为幼儿教育的实施场所,在"依法治教、依法办学"的指导和要求下,要结合幼儿教育发展的规律和特点进行依法治园,保障幼儿园管理及教育教学符合法治要求,以保证教育过程中的问题得以有效解决,促进教育质量提升。可以说,哪个地区的幼儿教育或哪一所幼儿园的管理及教育教学工作"重视了法治,事业就会快速发展、健康发展;忽视甚至弱化法治,法治'这一手'软了,就会出一些怪象、乱象,出现这样那样的问题"[3],如"红黄蓝事件""携程亲子园事件"等的发生,致使民众对幼儿教育、幼儿教师产生质疑,幼儿教育发展质量更无从谈起。

  幼儿园管理和教育教学中坚持"依法治园"。首先,要不断铸牢幼教工作者的法治思维和法治观念,要做到学法、传法;其次,要有效保障幼儿教育事业的健康、规范发展,必须做到知法、用法;再次,要有效保障幼儿园权利相关主体如幼儿园、教师、儿童等的合法权益,必须做到守法、用法;最后,要把"依法治园"理念贯穿到幼儿园教育实践始终,做到遵法、用法,使幼儿园教育教学的每一环节的实施、每一问题的处理都依法、依规;更为重要的是,要根据幼儿教育实践中的难点问题、重点问题进行探讨、研究,实现学法、懂法。

---

[1] 徐辉.坚持依法治教 实现依法兴教[J].群言,2018(10):12-14.
[2] 中共中央文献研究室.习近平关于协调推进"四个全面"战略布局论述摘编[M].北京:中央文献出版社,2015:99-100.
[3] 陈宝生.全面推进依法治教 为加快教育现代化、建设教育强国提供坚实保障——在全国教育法治工作会议上的讲话[J].国家教育行政学院学报,2019(1):3-9.

二、幼儿园依法治园的要求及实现路径

幼儿园坚持依法治园,要求幼儿园党政领导和一线教师及工作人员能坚持"依法治园、执法办学、执法治园"的原则,结合幼儿教育规律及特点,知法、懂法、遵法、用法、守法、学法、传法,不断提升法治思维,以法治方式去处理幼儿园管理及教育教学中的问题,保障幼儿教师及其幼儿的合法权益。

(一)学法、懂法,提升法治思维

各幼儿园要系统、分类梳理幼儿园管理和教育教学中不同层面(包含国家、地方)的政策、法规(见附录);结合定期的园务学习或教研活动等分批次、分工种进行系统培训和学习,使每个幼儿园工作者都熟悉、了解幼儿教育相关的政策、法规,并不断在幼儿园教育实践中形成法治思维,运用法律知识来解决现实问题。

(二)遵法、用法,不断形成法治之式

在学法、懂法的基础上,幼儿园党政了领导和教职员工在幼儿园日常管理与教育教学中不断形成以法治来处理日常问题,如日常工作安排、决策和活动实施,既要遵守学前教育相关政策法规,还要思考这些工作涉及的主要法律风险点,并逐条确定,提醒每一个工作事项的负责人在工作中防范这些风险的发生,并同步制定与之对应的防范措施与应急预案。此外,在制定防范措施和应急预案中,要对应具体的法律法规条款,在遵法的基础上进行制定具体措施,要做到有法可依、有法必依;教育工作者在实践中,也能在工作与问题处理中不断强化法律知识,不断铸牢法治思维,不断提升用法处理教育现实问题的能力。

(三)知法、传法,铸牢法治意识

在学法、懂法、遵法、用法的基础上,幼儿园还要结合教育教学实践,进行法治知识的宣传。如借助各年龄段的主题活动,进行"我是小小宣传员"活动;通过家长助教的方式,邀请职业为律师的家长进行"如何保护我自己"的宣传活动;同时,还应通过法治学习平台,在幼儿园教职工、家长中开展法治学习活动,铸牢法治意识。

第二节
幼儿园的法律地位

幼儿园作为日常教育教学活动实施的主要场所,对在幼儿园学习生活的幼儿具有教育、管理和保护责任,但不具有监护责任。幼儿园在教育教学实践中,要明晰责任,做好教育教学组织、实施和管理等工作,履行好对幼儿的教育、管理和保护责任,引导家长认知并做好监护人的责任,共同关爱和保护幼儿健康和安全,实现家园共育。

一、幼儿园的法律地位概述

(一)概念

幼儿园是具有法人资格的组织保育、教育活动的经营实体,在法律上享有权利与承担义务。法律依据幼儿园的性质和条件赋予其主体地位,让其依法享有权利和承担义务。幼儿园的法律地位既包含幼儿园在民事法律关系中的法律地位,也包含在教育行政法律关系中的法律地位。

(二)法律关系

1. 幼儿园与民事主体的法律关系

民事法律关系就是人与人之间的被纳入民法调整范围的生活关系,也可以说,是人与人之间因民法调整而形成的民事权利义务关系。当然,民法上所讲的"人",包括了自然人和法人。民事权利和义务就是一切民事法律关系的核心,幼儿园在民法上享受与其他法人基本相同的权利并承担对等的义务。

幼儿园具有法人资格,《中华人民共和国教育法》(以下简称"教育法")第三十二条明确规定:"学校及其他教育机构具备法人条件的,自批准设立或者登记注册之日起取得法人资格";《中华人民共和国民法通则》第三十六条,也规定"法人是具有民事权利能力和民事行为能力,依法独立享有民事权利和承担民事义务的组织"。幼儿园与其他民事主体的法律关系具有主体的多样性与平等性、权利义务的对等性、相对意定性等特征。

2.幼儿园与教育行政机关的法律关系

幼儿园与政府及教育行政机关的法律关系是一种行政法律关系。幼儿园是为社会公共利益服务,是国家行政的一部分。幼儿园与教育行政机关的法律关系具有以下特征:一是幼儿园对教育行政机关的隶属性。两者之间存在行政上的管辖关系,因此,双方地位一定是不对等的。二是行政法律关系产生的特定性。行政法律关系要在教育行政机关行使职权过程中才能发生,如幼儿园签订教师培训合同,不属于行政法律关系,属于民事法律关系。三是行政法律关系双方权利与义务的法定性。行政法律关系中的幼儿园与教育行政机关或政府的权利义务是教育法律法规预先规定的,双方当事人没有自由选择的余地,如幼儿园入园年龄、修业年限等,幼儿园没有变动的权利,更不能讨价还价。四是行政法律关系中权利的可救济性。幼儿园与教育行政机关发生纠纷时,可以由教育行政机关按照行政程序予以解决。幼儿园对行政裁决不服时,可以申诉、行政复议或诉讼。

二、幼儿园的权利

(一)民事权利

幼儿园享有的民事权利十分广泛,包含人身权、财产权、名誉权、荣誉权等。如幼儿园的名誉、荣誉受到侵犯时,可以依法进行维权。如:"强强是诺亚舟幼儿园中一班的小朋友。2008年5月14日午睡时,强强忽然抽搐、呕吐,值班教师及时采取了救助措施,并将他送医治疗,但在途中强强不幸死亡。经诊断,强强是旧病复发而猝死。强强父母认为强强之死是幼儿园所致,多次上门找幼儿园的麻烦,在幼儿园墙上及周边建筑上到处张贴诬蔑幼儿园的大字报,严重影响了幼儿园的名誉。"

这个案例说明幼儿园作为"法人"这个独立的民事主体,其所享有的名誉权与自然人相同,不容受到侵害。如果幼儿园依法享有的名誉权受到不法侵害,它作为与侵权案有直接利害关系的"法人",可以报警,可以作为原告向管辖法院提起民事诉讼,要求停止侵害、消除影响并恢复名誉、赔礼道歉乃至损害赔偿。若侵权人拒不执行法院生效判决,反而变本加厉继续侵害幼儿园的名誉,则人民法院可以采取公告、登报等方式,将判决的主要内容和有关情况公布于众,费用由被执行人(侵权人)负担;经济赔偿部分可通过强制执行的方式予以执行。还可依法对拒不执行者(侵权人)采取必要强制措施(如罚款、拘留),甚至依情形追究其刑事责任。

(二)教育权利

幼儿园作为幼儿教育教学活动实施场所,负有教育权利。如:招收新生权利(《教育法》第二十九条第三项规定了幼儿园有招收学生或其他受教育者的权利)、组织实施保育教育活动权(《教育法》第二十九条第二项规定了幼儿园有组织实施教育教学活动的权利)、自主管理权(《教育法》第二十九条第一项规定了幼儿园有按照章程自主管理的权利)、学籍管理权(《教育法》第二十九条第四项规定了幼儿园有对受教育者进行学籍管理,实施奖励或者处分的权利)、人事聘任权(《教育法》第二十九条第六项规定了幼儿园有聘任教师及其他职工,实施奖励或者处分的权利)、设施和经费的管理与使用权(《教育法》第二十九条第七项规定了幼儿园有管理、使用本单位的设施和经费的权利)、排除非法干涉权(《教育法》第二十九条第八项规定了幼儿园有拒绝任何组织和个人对教育教学活动的非法干涉的权利)、其他合法权益(《教育法》第二十九条第九项规定了幼儿园有享有法律、法规规定的其他权利)。

三、幼儿园的义务

幼儿园作为具有法人资格的组织保育、教育活动的经营实体,在法律上享有民事和教育权利,同时还应承担相应义务:

(一)遵守法律法规的义务。

(二)贯彻国家的教育方针,执行国家教育教学标准,保证教育教学质量的义务。具体内容:首先,幼儿园在整个保教活动中要坚持社会主义的办学方向,贯彻《教育法》第五条规定的国家总的教育方针,按照国家规定的保教目标,面向全体幼儿,实施身心全面发展的优良教育;其次,执行国家关于幼儿园的保教标准,努力改善办园条件,加强育人环节,保证不断提高保教水平。

(三)维护受教育者、教师及其他职工的合法权益的义务。具体内容:首先,幼儿园不得侵犯幼儿、教师及其他职工的合法权益;其次,当幼儿园以外的其他社会组织和个人侵犯了本园师生及其他职工的合法权益时,幼儿园应当以合法方式,积极协助有关单位查处有违法行为的当事人,维护幼儿、教师及其他职工的合法正当权益。

(四)以适当方式为受教育者及其监护人了解受教育者的学业成绩及其他有关情况提供便利的义务,保障作为幼儿法定监护人的家长的相关知情权;同时通过家园合作,实现幼儿园教育与家庭教育相互联系的需要。

(五)遵照国家有关规定收取费用并公开收费项目的义务;《教育法》第三十条第五项规定了幼儿园履行遵照国家有关规定收取费用并公开收费项目的义务:幼儿园按照省、自治区、直辖市或市级教育行政部门会同有关部门(主要为物价部门和财税部门)制定的收费项目和标准,从公益性质出发,按照成本分担原则,公平、合理地确定本园收费标准并向家长、社会及时公布收费项目。

(六)依法接受监督的义务;《教育法》第三十条第六项规定了幼儿园履行依法接受监督的义务。其具体包含:幼儿园对来自行政机关依法进行的检查、监督,应当积极予以配合,不得拒绝,更不得妨碍检查、监督工作的正常进行。

第三节 幼儿园相关政策与法规梳理

幼儿教师作为幼儿园教育教学活动的设计者与实施者,在教育实践中要做到遵法、护法、传法、用法、知法、守法、学法,不断提升法治思维,就需要系统学习和了解幼儿园及幼儿园教育相关的政策法规,从国家和地方层面系统了解幼儿园教育实践相关政策与法规,不断提高法治思维和法治意识。

一、综合性政策法规

学习《中华人民共和国教育法》,了解我国的教育目的、教育制度,对教师和其他教育工作者的要求、负有的法律责任等。

学习《中共中央 国务院关于学前教育深化改革规范发展的若干意见》《国务院关

于当前发展学前教育的若干意见》《教育部等四部门关于实施第三期学前教育行动计划的意见》《上海市教育委员会等8部门关于全力防控疫情支持民办托幼机构平稳健康发展的通知》《云南省人民政府办公厅关于印发云南省城镇小区配套幼儿园治理工作方案的通知》等文件,了解国家和地方在学前教育经费投入和资源配置、教师队伍建设、监管体系建设、规范和支持发展民办园、保教质量提升等方面的意见和要求。

新冠肺炎疫情防控期间,上海市教育委员会等八部门出台了相关举措全力支持民办幼儿园健康发展:如鼓励减免房屋租金、加大金融支持力度、统筹支付购买学位费用、给予职工培训费补贴等。"各类民办托幼机构可参照'惠企28条'有关规定,申请延期申报纳税,享受失业保险稳岗返还政策、推迟调整社保缴费基数时间、延长社会保险缴费期、优化职工聘任机制、降低基本医疗保险(含生育保险)单位缴费比例、阶段性减免三项社会保险费单位缴费部分等政策。区教育局等主管部门对民办托幼机构防疫工作加强指导,积极畅通民办托幼机构防疫物资配备渠道。"

民办幼儿园在办园或管理中要学习:《中华人民共和国民办教育促进法》《国务院关于鼓励社会力量兴办教育促进民办教育健康发展的若干意见》《民办学校分类登记实施细则》《云南省民办教育条例》《云南省人民政府关于鼓励社会力量兴办教育促进民办教育健康发展的实施意见》《云南省教育厅等五部门关于平稳有序推进民办学校分类登记管理的通知》,了解国家在民办幼儿园教育中的审批—登记管理办法、管理体系、扶持制度、制度建设、教育教学质量保障等要求。

二、幼儿园管理的政策法规

"幼儿园管理是依据一定的教育理念和育人目的,为幼儿园定位、确立开办宗旨,合理组织各种管理要素和资源的活动,以便更好地履行幼儿园的社会功能。"[①]国家和地方亦通过相关政策和法规对幼儿园管理相关事项做了明确规定,这些也成为幼儿园人—事—物管理的重要依据。

(一)综合管理

幼儿园管理中,要围绕《幼儿园管理条例》《幼儿园工作规程》(2016)、《营利性民办学校监督管理实施细则》、《云南省民办教育机构管理办法》等,了解并明确幼儿园

---

① 张燕.幼儿园管理[M].北京:人民教育出版社,2013:3.

举办基本条件和审批程序、登记备案管理、入园——编班、卫生保健规定、教育教学实施与质量评价、园舍——设备配备、教职工配备等方面的规定和要求。

(二)安全管理

安全管理上,按照《中小学幼儿园安全管理办法》《校车安全管理条例》《云南省学校安全条例》《学生伤害事故处理办法》等,在突发事件应急预案制定、门卫制度健全、消防安全制度落实、卫生操作规范遵守、学生安全信息通报制度、车辆管理制度、接送制度的建立、安全工作档案建立等上面,把安全工作放在日常工作首位,提高安全意识,积极防范安全事故的发生及处置。

(三)经费管理

经费管理上,按照《幼儿园收费管理暂行办法》《关于加大财政投入支持学前教育发展的通知》《财政部 教育部关于建立学前教育资助制度的意见》《中央财政支持学前教育发展资金管理办法》等,做好中西部农村幼儿园改扩建项目、幼儿教师国培项目的资金申请。

此外,上海市通过《关于对本市学前教育阶段家庭经济困难适龄幼儿实施资助的通知》对本市学前教育阶段家庭经济困难适龄幼儿实施资助;上海市教育委员会、上海市财政局、上海市民政局、上海市残疾人联合会制定了《上海市中小学幼儿园学生资助资金管理实施办法》,对城乡低保家庭适龄幼儿、特困供养人员、烈士家庭适龄幼儿、适龄孤儿、适龄残疾儿童和建档立卡贫困家庭适龄幼儿进行资助。

收费上,幼儿园根据办园性质进行分类管理。公办幼儿园保教费标准按照《幼儿园收费管理暂行办法》规定"公办幼儿园保教费标准根据年生均保育教育成本的一定比例确定""公办幼儿园住宿费标准按照实际成本确定,不得以营利为目的"。民办幼儿园保教费、住宿费标准,按照《中华人民共和国民办教育促进法》及其实施条例规定,根据保育教育和住宿成本合理规定,并报当地价格主管部门、教育行政部门备案后执行。此外,《幼儿园收费管理暂行办法》规定"幼儿园不得在保教费外以开办实验班、特色班、兴趣班、课后培训班和亲子班等特色教育为名向幼儿家长另行收取费用,不得以任何名义向幼儿家长收取与入园挂钩的赞助费、捐资助学费、建校费、教育成本补偿费等费用",以规范幼儿园收费及办学。

三、幼儿教师发展的政策法规

对于教师专业发展或专业素质提升,虽已在学前教育综合性政策法规中进行了要求,但鉴于幼儿教师专业素质在学前教育质量发展中的重要作用,国家又专门出台了专项政策:如《国务院关于加强教师队伍建设的意见》《教育部 财政部关于实施中小学幼儿园教师国家级培训计划(2021—2025年)的通知》《幼儿园教师违反职业道德行为处理办法》《新时代幼儿园教师职业行为十项准则》等,各地教育部门要强化在职培训以加强教师专业能力;以及重视对教师职业道德及职业行为的规范及要求,如上海市教育委员会专门出台《新时代上海市中小学幼儿园教师职业行为十项准则》《上海市中小学幼儿园教师违反职业道德行为处理的意见》等,提高幼儿教师的专业素质和职业形象。

四、幼儿园教育教学的政策法规

幼儿园教育教学中要严格按照保育与教育相结合的原则,遵循3—6岁幼儿身心发展规律和特点,依据《幼儿园教育指导纲要(试行)》《3—6岁儿童学习与发展指南》中对五大领域目标、小—中—大班五大领域目标及教育建议,进行教育教学活动的设计、组织和实施,严禁"小学化":《教育部关于规范幼儿园保育教育工作防止和纠正"小学化"现象的通知》《教育部办公厅关于开展幼儿园"小学化"专项治理工作的通知》明确提出要"纠正'小学化'教育内容和方式""严禁一切形式的小学入学考试""严禁教授小学课程内容""纠正'小学化'教育方式""整治'小学化'教育环境""小学坚持零起点教学"等,明确对"小学化"问题进行严查和整治,关注幼儿身心健康及良好习惯养成。

五、幼儿园家长工作的政策法规

家长工作上,严格按照《教育部关于建立中小学幼儿园家长委员会的指导意见》《教育部关于加强家庭教育工作的指导意见》要求,积极推进家长委员会组建,发挥好家长委员会支持学校工作的积极作用。同时,通过举办家长培训讲座、咨询服务、经验交流会、家长开放日、社会实践活动等方式,"强化学校家庭教育工作指导",并逐步推动建立街道、社区(村)家庭教育指导机构(中心),"利用节假日和业余时间开展工作,每年至少组织2次家庭教育指导和2次家庭教育实践活动",提升家长参与幼儿教育的积极性,实现家园共育合力。

六、幼儿园基础建设的政策法规

对于幼儿园新建、改建扩建项目,要按照《幼儿园建设标准》要求,在选址、规划布局、面积指标、建筑与建筑设备、主要技术经济指标方面进行严格设计与规划;对于城市幼儿园建设,要遵照《城市幼儿园建筑面积定额(试行)》要求,对园舍建筑的活动及辅助用房、办公及辅助用房、生活用房的建筑面积及各区域的用地面积等进行限定。

为了使幼儿能就近入园,实现学前教育的普惠,《云南省教育厅 云南省自然资源厅 云南省住房和城乡建设厅印发关于云南省城镇小区配套幼儿园建设管理办法的通知》明确规定云南省城镇小区要配套建设幼儿园,对其建设要求进行明确规定。

七、幼儿园教育督导与评价的政策法规

在教育督导和评价上,依据《教育督导条例》《云南省教育督导规定》等要求,"县级以上人民政府根据教育督导工作需要,为教育督导机构配备专职督学。教育督导机构可以根据教育督导工作需要聘任兼职督学",对教育教学质量、安全卫生情况、教师队伍资质、教育投入与经费使用情况等进行每学期不少于2次的督导,致力于幼儿园教育质量的全面提升。

上海市教委根据本市学前教育事业发展现状和幼儿园发展实际情况对《上海市示范幼儿园标准》(沪教委托幼〔1996〕7号)进行了修订,即《上海市示范性幼儿园标准(修订稿)》(沪教委基〔2009〕83号),对幼儿园办园条件、内涵发展、办园特色等进行明确规定,以指导本市幼儿园建设和发展中有具体标准可依,实现内涵和质量发展。

第四章
幼儿园相关政策与法规的案例分析

◎ 学习目标

1. 幼儿园常见事故及法律处理路径与方法
2. 幼儿教师权利的内容及保障方法
3. 幼儿教师义务的内容及义务履行中常见问题及处理

◆ 思维导图

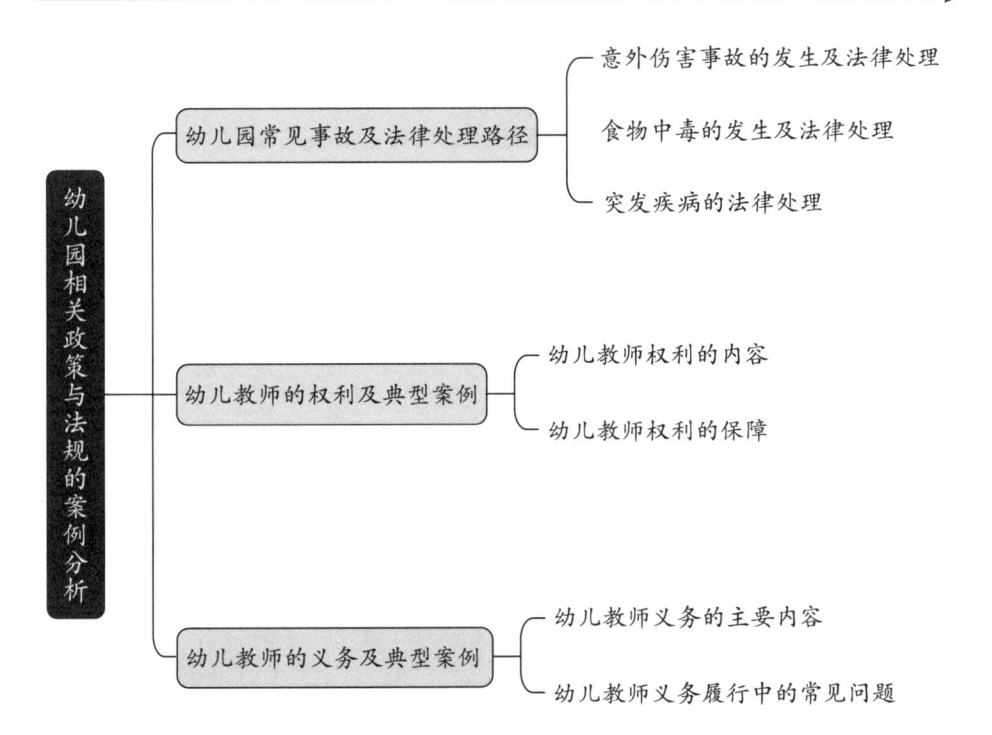

幼儿园相关政策与法规的案例分析
- 幼儿园常见事故及法律处理路径
  - 意外伤害事故的发生及法律处理
  - 食物中毒的发生及法律处理
  - 突发疾病的法律处理
- 幼儿教师的权利及典型案例
  - 幼儿教师权利的内容
  - 幼儿教师权利的保障
- 幼儿教师的义务及典型案例
  - 幼儿教师义务的主要内容
  - 幼儿教师义务履行中的常见问题

小案例

2013年9月,河南省太康县某园3岁的男童皓皓(化名)在滑滑梯时突然晕倒,老师立即将其送往医院救治,但还是由于抢救无效死亡。

当地警方出具的尸检报告显示:皓皓系颈部受压,诱发食物反流,引入支气管致窒息而亡。也就是说,皓皓在向下滑滑梯时,衣服"风帽"上的绳子扭结在一起勒住脖子,导致食管反流,食道内的东西反流到气管里,造成窒息昏迷。

调查显示,类似的意外多次在各地幼儿园发生过。如,2007年1月,广西某幼儿园4岁女孩在玩滑梯时,衣服帽子上的绳子纽扣被滑梯缝隙卡住,绳子勒住她的颈部,导致窒息死亡;2011年,江西上饶一名3岁男童,因帽绳一端卡在滑梯上,一端缠绕颈部,导致窒息死亡;2012年11月,东莞一幼童滑滑梯时被帽绳勒死。

大思考

1.案例中幼儿的死亡,责任该如何认定?

2.面对在幼儿园发生的突发事件(事故),幼儿园该如何处理?

3.为了避免此类事件的发生,幼儿园该如何预防?

幼儿园工作人员,包括管理人员和教育教学人员,在幼儿教育实践中,应本着安全第一、生命至上的原则,密切关注幼儿行为,确保幼儿活动的安全。若面对不可避免的突发事件时,幼儿园工作人员应本着儿童为本的原则,在事件发生的第一时间内,做好应急处理,把伤害降到最小。面对家长时,能有理、有据、有节地进行交代;面对法律诉讼时,能提供翔实的材料,助力解决实际问题。

幼儿园工作人员,应从幼儿园常见事故及法律处理的案例中,汲取经验,做好安全防护,确保尽到了相应责任;幼儿教师,应在明确自身权利和义务的基础上,强化法治意识,懂法、用法,充分保护自身的合法权益;保障幼儿的生命健康、安全,杜绝对幼儿合法权益的侵害事件的发生。

第一节
幼儿园常见事故及法律处理路径

虽然幼儿园承担着教育、管理、保护责任,但在幼儿园教育实践中,不可避免地会发生一些突发事件,如意外伤害事故、食品中毒、突发疾病等,因发生场域就在幼儿园,此时需要幼儿园在确保尽到相应责任的基础上,进行妥善处理,以保障幼儿的合法权益。

依据《学生伤害事故处理办法》第二条规定:"在学校实施的教育教学活动或者学校组织的校外活动中,以及在学校负有管理责任的校舍、场地、其他教育教学设施、生活设施内发生的,造成在校学生人身损害后果的事故的处理,适用本办法。"同时,第三十八条规定:"幼儿园发生的幼儿伤害事故,应当根据幼儿为完全无行为能力人的特点,参照本办法处理。"《中华人民共和国民法典》第一千一百九十九条规定:"无民事行为能力人在幼儿园、学校或者其他教育机构学习、生活期间受到人身损害的,幼儿园、学校或者其他教育机构应当承担侵权责任;但是,能够证明尽到教育、管理职责的,不承担侵权责任。"也就是说如果幼儿在幼儿园遭受人身损害,首先推定幼儿园存在过错,需要承担责任;幼儿园如要免除责任,必须积极举证,证明自己已经尽到了教育、管理职责,如果无法证明的,则推定其有过错并必须承担责任[1]。

一、意外伤害事故的发生及法律处理

> **案例 4-1**
>
> 一天,幼儿园李老师组织中班小朋友在室外开展游戏活动,游戏活动场地的地板选用的都是防滑砖。活动开展时,李老师一直在旁边组织、观察小朋友的活动。但意外还是发生了:豆豆小朋友在蹦跳时意外摔倒。李老师马上把她送到医院检查,经医生诊断,豆豆右手骨折,医药费花去1800多元。
>
> 事后,豆豆的家长要求幼儿园承担全部的赔偿责任,理由是:虽然孩子摔倒属于意外,但事情发生在幼儿园内,幼儿园就是暂时或临时的监护人,在这段时间内幼儿园没照顾好孩子,理应承担医药费、营养费及家长的误工费。幼儿园则不同意家长的索赔要求,认为幼儿园和幼儿之间不存在监护关系。

面对此类案例,幼儿园要从事故发生原因、责任认定及处理方法三方面进行考虑:

(一)发生原因

事故发生后,幼儿园可提供幼儿户外游戏活动时的视频,让家长明晰事故发生原因。本案例里,豆豆小朋友在蹦跳时意外摔倒是事故发生的原因,而幼儿园已经做了防滑材料的选择与使用,幼儿园教师在幼儿活动时精心组织、认真观察;豆豆小朋友虽在幼儿园中发生意外,但在幼儿园期间幼儿园及教师依其职责,承担了相应的管理职责,并未有玩忽职守之嫌。

(二)责任认定

首先,本案例中体现的是幼儿与幼儿园之间的监护法律关系:幼儿与幼儿园之间是一种教育、管理和保护关系。根据《中华人民共和国民法典》第二十七条:"父母是未成年子女的监护人。"《学生伤害事故处理办法》第七条规定:"学校对未成年学生不承担监护职责,但法律有规定的或者学校依法接受委托承担相应监护职责的情形除

---

[1] 张春炬等.幼儿园常见法律问题案例及解析[M].北京:北京师范大学出版社,2018:15-16.

外。"因此,幼儿园的职责是教育管理,而不是监护,本案例中豆豆的父母认为豆豆在园,幼儿园就具有临时监护责任,是不恰当的。

此外,幼儿园虽不承担监护责任,但在接收幼儿后,应承担幼儿在园的教育管理责任,如有失职,应依法承担责任。

(三)处理办法

本案例的处理,应当按照过错责任原则来确定幼儿园的责任:豆豆在游戏活动中意外摔倒,幼儿园对此并无过错,而且幼儿园园方、幼儿教师在活动中都履行了教育、管理职责,因此无需承担责任。但幼儿园在今后的教育管理工作中,一方面要要求教职员工在工作中要全面、切实履行教育管理责任,避免和减少事故发生;一方面,幼儿园教师要通过家园共育、家长讲座等形式,引导家长在家庭教育中要做好幼儿的安全常识教育,以防患于未然。

二、食物中毒的发生及法律处理

案例4-2[①]

某年11月15日,某幼儿园的幼儿出现了集体高烧、呕吐和腹泻等症状,共有70多名幼儿第一时间被送到医院急救。经过一个多星期的治疗,截至11月23日,区政府就此次幼儿园食物中毒事件召开了新闻通报会。据调查,致病食物可能是检出的含有细菌的牛奶。

(一)发生的原因

本案例的发生具有影响群体大、社会影响深远等特点,幼儿出现了集体高烧、呕吐、腹泻后,幼儿园园方进行了及时处置,第一时间把70多名幼儿送往医院进行救治。但经过卫生健康委员会的化验、调查,得知致病食物可能是检出的含有细菌的牛奶,即幼儿园在食物的选择上,没有严格把关,幼儿园及食品责任人应接受行政处罚。

---

① 张春炬等.幼儿园常见法律问题案例及解析[M].北京:北京师范大学出版社,2018:46.

(二)处理办法

幼儿园在发现、接到有关食物中毒汇报的6小时内,应及时向所在地区卫生健康委员会报告发生食物中毒的单位、地址、时间、中毒人数、可疑食物等有关内容;立即停止经营活动;保留、封存造成食物中毒或可能导致食物中毒的食品、原料、工具、设备等;按照卫生健康委员会的要求,如实提供有关材料和样品,配合调查;协助医院进行诊断及治疗,承担中毒者的医疗费用。

面对食物中毒或疑似食物中毒事件,事件发生后(6小时内),卫生健康委员会应立即启动应急预案,迅速组织有关部门,调动应急救援队伍和社会力量,依照相关法律、法规采取应急处置措施。应当按照有关规定统一、准确、及时发布有关突发事件事态发展和应急处置工作的信息。在幼儿园工作中,安全工作是第一位的,只有安全工作做好了,教育教学才能得到有效保障,幼儿园及教师应提高警惕,切实保护幼儿的健康及生命安全。

三、突发疾病的法律处理

案例4-3[①]

冬日的一个中午,某园幼儿们都在午睡。小班的刘老师像往常一样,在寝室里巡视,检查幼儿们的午睡情况。

当她走到小雨身边时,特意仔细观察了一下。因为早晨,小雨的妈妈特意提醒过她:"今天孩子有点感冒发烧,请老师关注一下。"刘老师不看不要紧,一看吓一跳。她发现刚才还好好的小雨,现在脸蛋通红,脑袋转向一侧,身体僵直,满脑门的汗,而且喉咙里还发出奇怪的声音。

刘老师俯下身,一边轻轻拍打小雨的身体,一边大声喊叫小雨的名字,可是小雨一点反应也没有,直至吐出了白色的泡沫。

根据多年的经验,刘老师初步判断小雨是高烧引起的抽搐。她赶紧给园内的保健室打电话,叫来保健医生,共同将小雨送往医院进行处置。

同时,刘老师第一时间与小雨的家长进行沟通,并向幼儿园领导反映了小雨的情况。幼儿园园长与律师沟通后,提出让家长先带孩子进行诊治,待孩子痊愈后再

---

① 张春炬等.幼儿园常见法律问题案例及解析[M].北京:北京师范大学出版社,2018:109

入园解决问题。沟通之后,家长不认同,经过幼儿园管理者的耐心说服,深入浅出的分析,家长表示认可。事情得以圆满解决。

分析

本案例中老师在面对幼儿突发疾病时,根据实际情况及时采取措施,未导致不良后果,同时,与保健医及时把幼儿送往医疗机构进行救治。事件发生后,老师反应迅速,处理得当;而且幼儿园的午睡巡查、日常管理、应急处理等工作亦落实到位。

通过本案例,可知幼儿园在日常工作中,针对幼儿园教师和保育员,应加强急救知识的培训,如突发疾病的处置办法,以在关键时刻发挥效用;同时,还要加强急救常识的演练和考核,使每位教师都能熟练地掌握相应技能。

安全无小事,幼儿园在安全工作中,要通过安全制度的制定,细化安全管理流程;同时,日常以预防为主,通过制定突发事件处置办法或制度,建立幼儿园与处置突发事件的公共服务机构如医院等建立绿色通道,以备不时之需。

在日常安全管理流程设计中,幼儿园要针对不同的应急事项,做不同的应急流程设计。应急具体事项包含:幼儿外出活动走失应急、暴力抢劫应急、交通事件应急、意外伤害事故应急等。幼儿园意外伤害事件应急流程设计:报告保健医生—告知家长—就诊—探视幼儿—撰写报告存档—回访幼儿与应急小组形成处理意见,法律咨询小组介入—双方履行签字手续,形成文字结论存档等。整个过程中,要彰显幼儿园园方专业处理方式及其利用法律知识处理现实问题的态度和能力。

第二节
幼儿教师的权利及典型案例

幼儿教师,在幼儿园教育中承担着幼儿学习的支持者、引导者、研究者,幼儿行为的观察者、记录者;家园工作的协调者,幼儿发展的促进者等多重角色。因此,幼儿教师在遵守相关的法律法规的同时,还应明确自身权利;在学法、守法的同时,还能在教育工作中维护自身合理权益。

幼儿园教师作为履行幼儿园教育工作职责的专业人员,需要经过严格的培养与培训,掌握系统的专业知识和专业技能,具有良好的职业道德。《幼儿园教师专业标准(试行)》明确提出教师要"热爱学前教育事业,具有职业理想,践行社会主义核心价值体系,履行教师职业道德规范,依法执教。关爱幼儿,尊重幼儿人格,富有爱心、责任心、耐心和细心;为人师表,教书育人,自尊自律,做幼儿健康成长的启蒙者和引路人"。"尊重幼儿权益,以幼儿为主体,充分调动和发挥幼儿的主动性;遵循幼儿身心发展特点和保教活动规律,提供适合的教育,保障幼儿快乐健康成长。""把学前教育理论与保教实践相结合,突出保教实践能力;研究幼儿,遵循幼儿成长规律,提升保教工作专业化水平;坚持实践、反思、再实践、再反思,不断提高专业能力。""学习先进学前教育理论,了解国内外学前教育改革与发展的经验和做法;优化知识结构,提高文化素养;具有终身学习与持续发展的意识和能力,做终身学习的典范。"

同时,幼儿教师作为教师队伍的一员,根据《中华人民共和国教师法》,同样享有下列基本权利:进行教育教学活动,开展教育教学改革和实验;从事科学研究、学术交流,参加专业的学术团体,在学术活动中充分发表意见;指导学生的学习和发展,评定学生的品行和学业成绩;按时获取工资报酬,享受国家规定的福利待遇以及寒暑假期的带薪休假;对学校教育教学、管理工作和教育行政部门的工作提出意见和建议,通过教职工代表大会或者其他形式,参与学校的民主管理;参加进修或者其他方式的培训。

在待遇上,《中华人民共和国教师法》第二十五条:教师的平均工资水平应当不低于或者高于国家公务员的平均工资水平,并逐步提高。建立正常晋级增薪制度,具体办法由国务院规定。第三十三条:教师在教育教学、培养人才、科学研究、教学改革、学校建设、社会服务、勤工俭学等方面成绩优异的,由所在学校予以表彰、奖励。国务院和地方各级人民政府及其有关部门对有突出贡献的教师,应当予以表彰、奖励。对有重大贡献的教师,依照国家有关规定授予荣誉称号。

一、幼儿教师权利的内容

(一)女教师的生育权

案例4-4[①]

2010年,张某从某师范大学毕业后,在温州市一私立幼儿园任教。应聘时,幼儿园考虑到本园年轻教师较多,而女教师的个人问题也比较多,有可能会影响幼儿园教学任务的完成,因此,在签订劳动合同时,提出"自签订之日起5年内不生育,如果违约,幼儿园可以单方面随时解除劳动合同,张某需支付幼儿园违约金3万元"的约定。张某为了能顺利应聘,就答应了幼儿园的要求,与园方签订了为期6年的劳动合同。

2011年年末,张某结婚后便怀孕了,幼儿园得知张某怀孕以后,提出其违反了劳动合同的约定,要求其堕胎。张某认为这种做法侵犯了自己的人身权利,没有理会,并于次年秋顺利生产。产假期限过后,张某来园要求复职,却被幼儿园告知,她已被幼儿园解除劳动合同。

张某不服,向当地劳动争议仲裁委员会申请仲裁,要求园方恢复其教师岗位,而园方也同时要求解除与张某的合同,并要求其赔偿违约金与用工成本共计4万元。

分析

本案例中张某的生育权被剥夺,根据《中华人民共和国劳动合同法》第四十二条规定:女职工在孕期、产期、哺乳期的,用人单位不得解除劳动合同。此外,《女职工劳动保护特别规定》第五条规定:用人单位不得因女职工怀孕、生育、哺乳降低其工资、予以辞退、与其解除劳动或者聘用合同。因此,幼儿园的做法不符合法律规定,侵犯了张某的合法权利。

此外,《中华人民共和国妇女权益保障法》第二十三条规定:"各单位在录用职工时,除不适合妇女的工种或者岗位外,不得以性别为由拒绝录用妇女或者提高对妇女的录用标准。各单位在录用女职工时,应当依法与其签订劳动(聘用)合同或者服务协议,劳动(聘用)合同或者服务协议中不得规定限制女职工结婚、生育的内容。"本案

[①] 张春炬等.幼儿园常见法律问题案例及解析[M].北京:北京师范大学出版社,2018:118.

例中,幼儿园在劳动合同中加入了"自签订之日起5年内不生育,如果违约,幼儿园可以单方面随时解除劳动合同,张某需支付幼儿园违约金3万元"的约定,此约定明显是对妇女提出的更高要求,违反了相关法律规定,此约定无效。

《中华人民共和国劳动合同法》第三十九条规定:劳动者有下列情形之一的,用人单位可以解除劳动合同:(一)在试用期间被证明不符合录用条件的;(二)严重违反用人单位的规章制度的;(三)严重失职,营私舞弊,给用人单位造成重大损害的;(四)劳动者同时与其他用人单位建立劳动关系,对完成本单位的工作任务造成严重影响,或者经用人单位提出,拒不改正的;(五)因本法第二十六条第一款第一项规定的情形致使劳动合同无效的;(六)被依法追究刑事责任的。而本案例中张某的行为不具有解除劳动合同的法定情形,当地劳动争议仲裁委员会应作出支持张某恢复其教师岗位的裁决。

(二)社会福利和保障的权利:教师工资不能拖欠

案例4-5[①]

某年6月底,童某从幼儿专科学校毕业后,来到某市私立幼儿园实习,实习结束被聘请为幼儿教师,自暑期开始,童某根据幼儿园的工作安排,负责开展招生工作及亲子活动。

时间很快到了年底,童某和同时招聘进来的其他教师已经工作半年,但都没有领到一分钱工资。于是,童某和同事一起去找园长,希望幼儿园能够给大家补齐之前拖欠的工资,并在以后能够按时发放工资。园长听了童某等人的诉求后,表示马上落实,过了几天又说目前幼儿园的生源太少,入不敷出,请童某再等等,自己筹到钱就发,得到这个答复后,童某等人考虑到目前幼儿园在园生源确实不多的实际情况,就没有再追究。

然而,仅仅过了几天,该园为了扩大社会影响力度,重新铺设了塑胶地面,购买了大型LED屏。童某等人这才发觉幼儿园并不是没有钱,而是他们受骗了。

为此,童某等人再次找到园长,并提出如果不发放工资,就辞职不干了。园长承诺到春节之前,一定为童某等人发放工资。最终,童某他们只拿到各自工资的50%,园长说辞职没关系,工资就只有这么多。

[①] 张春炬等.幼儿园常见法律问题案例及解析[M].北京:北京师范大学出版社,2018:119.

分析

根据《中华人民共和国教师法》第三十八条规定:"地方人民政府对违反本法规定,拖欠教师工资或者侵犯教师其他合法权益的,应当责令其限期改正。违反国家财政制度、财务制度,挪用国家财政用于教育的经费,严重妨碍教育教学工作,拖欠教师工资,损害教师合法权益的,由上级机关责令限期归还被挪用的经费,并对直接责任人员给予行政处分;情节严重,构成犯罪的,依法追究刑事责任。"本案例中园长故意拖欠童某等教师的工资,其行为损害了教师的合法权益,违反了《中华人民共和国教师法》的相关规定,已构成违法。童某等人可依据《中华人民共和国劳动争议调解仲裁法》《劳动保障监察条例》等向劳动部门进行投诉。

(三)人身安全权利

根据《工伤保险条例》第十四条规定:职工在工作时间和工作场所内,因工作原因受到事故伤害的,应当认定为工伤;第十七条规定:职工发生事故伤害或者按照职业病防治法规定被诊断、鉴定为职业病,所在单位应当自事故伤害发生之日或者被诊断、鉴定为职业病之日起30日内,向统筹地区社会保险行政部门提出工伤认定申请。遇有特殊情况,经报社会保险行政部门同意,申请时限可以适当延长。《工伤保险条例》第三十条规定:职工因工作遭受事故伤害或者患职业病进行治疗,享受工伤医疗待遇。

案例4-6[①]

齐老师是一名公立幼儿园的在编教师。在一次小班户外活动时,因牵引幼儿的需要,齐老师倒退着行走,不慎被塑胶地面上的橡胶轱辘绊倒,致使齐老师尾椎骨轻微骨裂,医生建议卧床休息。幼儿园领导多次到家中看望,关心询问。

据了解,齐老师35岁,存在骨质疏松、轻微腰椎间盘突出等原发症状,曾经为腰椎间盘突出请假休息过三个月。齐老师摔伤后至今近一年,仍然在请假中,园方和齐老师还未就事件处理达成协议。

---

① 张春炬等.幼儿园常见法律问题案例及解析[M].北京:北京师范大学出版社,2018:121.

> **分析**
>
> 本案例中齐老师,是在幼儿园工作期间因工作原因而受到伤害的,应属于工伤范畴;而齐老师所在幼儿园并未在30天内向统筹地区社会保险行政部门提出工伤认定申请,齐老师本人也未在规定期限内向幼儿园提交工伤认定所需材料,自身合法权益未得到保护。

二、幼儿教师权利的保障

为了保障幼儿教师的合法权益,幼儿园园方要依照《中华人民共和国教师法》等政策法规要求尊重教师的工作,保障教师合法权益;对于教师个人,则要提高法治意识,能用法律武器解决与自身相关的问题,维护自己的合法权益;同时,还要在全社会形成尊师重教的社会风气,尊重、理解教师工作;并在社会上通过法律法规的学习、普及,形成自觉遵法、守法、维法的法治社会良好风尚。

第三节
幼儿教师的义务及典型案例

教师在享有基本权利的基础上,还应履行相应义务,幼儿教师也不例外,《中华人民共和国教师法》第八条明确规定教师应当履行下列义务:1.遵守宪法、法律和职业道德,为人师表;2.贯彻国家的教育方针,遵守规章制度,执行学校的教学计划,履行教师聘约,完成教育教学工作任务;3.对学生进行宪法所确定的基本原则的教育和爱国主义、民族团结的教育,法制教育以及思想品德、文化、科学技术教育,组织、带领学生开展有益的社会活动;4.关心、爱护全体学生,尊重学生人格,促进学生在品德、智力、体质等方面全面发展;5.制止有害于学生的行为或者其他侵犯学生合法权益的行为,批评和抵制有害于学生健康成长的现象;6.不断提高思想政治觉悟和教育教学业务水平。

幼儿教师在遵守《中华人民共和国教师法》规定的教师义务的前提下,还应根据面对教育对象的特殊性,严格按照《幼儿园工作规程》(2016)的要求,按照保育与教育结合的原则,实施德、智、体、美等方面全面发展的教育,促进幼儿身心和谐发展。面对3—6岁的幼儿,幼儿教师及其他工作人员要保障幼儿生命健康,科学设计、开展教育教学活动,并进行日常教育教学管理工作。幼儿园教师"在履行职责过程中,不得违反工作要求、操作规程、职业道德,更不得触犯《刑法》、不得违反《中华人民共和国治安管理处罚法》等法律。"[①]在教育教学中,热爱、尊重儿童、保护儿童合法权益,为幼儿创设一个温馨、安全的成长环境,保障幼儿身心健康发展。

一、幼儿教师义务的主要内容

(一)保障幼儿生命健康

《幼儿园教育指导纲要(试行)》中健康领域指导要点中明确指出:"幼儿园必须把保护幼儿的生命和促进幼儿的健康放在工作的首位";而要保护幼儿的生命健康,不仅需要科学设计健康活动;还要高度重视幼儿的心理健康;还要在重视一日生活活动各环节的安全教育,把安全教育融入一日生活中。"幼儿园教职工必须具有安全意识,掌握基本急救常识和防范、避险、逃生、自救的基本方法,在紧急情况下应当优先保护幼儿的人身安全。"[②]

案例4-7

2021年5月21日,大理白族自治州漾濞县发生6.4级地震,且余震不断;漾濞6.4级地震造成全州伤亡35人,其中死亡3人,受伤32人(其中重伤7人、轻伤25人),中小学学生及幼儿园幼儿无一伤亡。在此次地震中,也涌现出"一女教师保护学生安全撤离教室,最后离开"的感人事迹。在发生地震的那一瞬间,某学校的一女教师没有丝毫慌张,反而从容不迫地指挥所有学生躲在桌子底下,确认没有危险后,再让所有学生护住头部,立刻跑出教室,而这位女教师则是留到最后才离开教

[①] 张春炬等.幼儿园常见法律问题案例及解析[M].北京师范大学出版社,2018:65.
[②] 中华人民共和国教育部.幼儿园工作规程(2016)[M].首都师范大学出版社,2016:5-6.

> 室。在面临危险时,这位女教师心里想得更多的是学生的安危,她充分利用避险、逃生的知识,正确引导学生躲在桌子底下,确认没有危险后,再组织学生护住头部进行安全撤离。这一系列的行为,也使此次地震中学生的生命安全得以保障。

对于幼儿教师而言,在幼儿教育实践中,不可避免地会面临一些突发事件,基于此,幼儿园园方要通过在职培训,不断提升幼儿教师的应急处理能力。幼儿教师自身,要在教育实践中一是通过生活活动、游戏活动、教学活动开展安全教育,提升幼儿的安全保护意识;二是在面对突发事件时,能临危不乱,妥善处理,运用急救知识进行防范、避险、逃生、自救,保护幼儿的生命健康和安全。

案例4-8[①]

> 2003年的一天,幼儿园教师在组织室内游戏时,一幼儿不慎从小椅子上跌落下来,教师询问幼儿情况,幼儿说胳膊疼,教师立即带领幼儿到医务室找医生,医生怀疑骨折,建议送往医院检查。
>
> 教师立即通知家长,并尊重家长的要求,带幼儿到市区某三级甲等医院诊治。同时,幼儿园在24小时内,向校方投保的责任保险公司报案。
>
> 通过拍摄X光影像,幼儿被诊断为左肱骨髁上骨折。医生建议为幼儿手术,但家长考虑到手术有较大痛苦,便拒绝了医生的建议,改为石膏固定的保守治疗方法,医院安排幼儿住院治疗。十多天后,幼儿做X光影像复查,发现胳膊没有复位好,幼儿小臂外翻。医生的解释是幼儿活泼好动,单靠石膏固定不能确保完全复位,只有手术治疗才能实现。
>
> 家长很着急,找到幼儿园商讨进一步的治疗方案。在幼儿园的建议下,家长和幼儿园共同找到市区另一家三级甲等医院的骨科专家。专家建议先做理疗,看看是否能慢慢恢复。坚持理疗三个月后,幼儿胳膊外翻问题没有明显好转,专家建议停止理疗。家长反复询问骨科专家,幼儿几年后能否恢复好,专家也无法给出确切答复。为此,幼儿园陪同家长和幼儿专程赴北京某知名医院,专家答复需要等幼儿长大一些再行观察,如果外翻问题没有明显改善,只能做手术。对此,家长十分焦虑。

---

① 张春炬等.幼儿园常见法律问题案例及解析[M].北京:北京师范大学出版社,2018:75-76.

接下来,幼儿园与家长协商赔偿问题。在责任认定问题上,幼儿园主动提出教师不应在室内组织站在小椅子上的游戏,愿意承担全部责任(包含可能产生的手术的费用)。不久,家长向园方提出赔偿要求,诉求医药费、误工费、交通费、伙食补助费及精神损失费等近26万元。园方明确拒绝了家长的要求,多次协商仍没有结果。幼儿园希望家长通过诉讼解决问题,但遭到家长拒绝。随后,家长出现一些情绪激动的行为,甚至在幼儿园门口拉起横幅,写有"幼儿在幼儿园受伤,但幼儿园不管"等字样,给幼儿园制造舆论压力。连续在幼儿园门口闹了三四天后,家长见幼儿园没有妥协迹象,遂停止了拉横幅的行为,重新与幼儿园协商赔偿问题。

分析

此案例中,因小椅子是坐具,不符合玩教具的要求,教师不应让幼儿站在小椅子上游戏,幼儿园愿意承担全部责任,这是正确的,但是家长却在幼儿园门口拉横幅,扰乱幼儿园正常的教育教学,幼儿园可以报警处理。而本案例中家长要求赔偿的具体数额,需依据《最高人民法院关于审理人身损害赔偿案件适用法律若干问题的解释》中对赔偿项目和计算法方法的明确规定,幼儿园园方和家长应按照上述规定进行协商。

(二)教育活动设计与开展

一位合格的幼儿教师,应具备职业道德、专业知识、专业能力和身心素质等;在专业能力中,教育活动设计与开展能力则是重中之重。《幼儿园工作规程》(2016)中也明确规定幼儿园教师的主要职责:"(一)观察了解幼儿,依据国家有关规定,结合本班幼儿的发展水平和兴趣需要,制订和执行教育工作计划,合理安排幼儿一日生活;(二)创设良好的教育环境,合理组织教育内容,提供丰富的玩具和游戏材料,开展适宜的教育活动;(三)严格执行幼儿园安全、卫生保健制度,指导并配合保育员管理本班幼儿生活,做好卫生保健工作;(四)与家长保持经常联系,了解幼儿家庭的教育环境,商讨符合幼儿特点的教育措施,相互配合共同完成教育任务;(五)参加业务学习和保育教育研究活动;(六)定期总结评估保教工作实效,接受园长的指导和检查。"

在教育活动设计与开展中,幼儿教师要遵循3—6岁儿童身心发展规律和特点,根据本班幼儿发展实际,依据《幼儿园教育指导纲要(试行)》《3—6岁儿童学习与发展指南》,立足儿童生活实际及已有经验,进行活动设计与组织实施,致力于儿童良好习惯及学习品质的形成,避免小学化倾向的出现。正如《幼儿园管理条例》第十六条提出:"幼儿园应当以游戏为基本活动形式;幼儿园可以根据本园的实际,安排和选择教育内容与方法,但不得进行违背幼儿教育规律,有损于幼儿身心健康的活动。"

幼儿园园所管理者,要对本园的教育教学活动设计及组织进行严格把关,除了通过对教师进行定期培训,更新教育理念和方法外,还应把园本教研常态化、制度化,构建包括园长—教学副园长—年级组长—幼儿教师等在内的教育教学督导小组,对各年级教育教学活动主题(内容)选择、材料准备、组织实施等进行指导、审议、评估,以推进教育教学质量的不断反馈、改进。

(三)班级管理

幼儿教师的专业能力,除了具备教育教学设计与组织能力外,在一日生活中还要承担起班级管理任务,对班级中的人、事、物进行统筹计划、合理安排。

对班级中人的管理,更多致力于对幼儿的安全管理与保障,可以说安全问题是幼儿园工作的重中之重。教师在一日活动的实施中,要把保障幼儿的健康生命和安全放在工作的首位,从饮食安全到各类活动开展中的安全,都要事先做好充分的准备,并对活动中可能存在的安全风险进行排查,并通过家园合作,做好幼儿在园的安全保障,如穿衣安全:提醒家长在为幼儿选择入园衣物时,要以宽松、舒适、适宜运动为标准,(女童)不穿长裙、不穿带绳的甩帽衫、不穿有亮片或尖锐装饰物的衣物,以避免安全事故的发生。此外,教师还要提醒家长入园前应仔细检查幼儿的衣物、书包,不得把家中物品或有安全隐患的物品带进幼儿园。

案例4-9

北京昌平某幼儿园一4岁男童将一粒纽扣电池塞入鼻孔,导致鼻中隔穿孔,家长认为幼儿园看护孩子不力,起诉索赔手术费等1万元。

4岁男童名叫强强,一天中午,强强从幼儿园小伙伴处得到一块纽扣电池,出于好奇,他将纽扣电池塞入自己的鼻孔中,之后反应异常,哭闹不止,鼻内流出异物,得到幼儿园的通知后,父母紧急将孩子送往医院。医院诊断为因鼻腔异物引起的鼻中隔穿孔,共花费医药费600元。

强强的父母认为孩子在园,幼儿园应当对孩子起到监护职责,照护好孩子的生活和健康。强强之所以受伤,是因为幼儿园没有尽到监护责任而造成的。幼儿园是个人开办,无相关审批证件,幼儿园开办人李某应承当相应的赔偿责任,强求法院判令李某承担强强的医疗费、后期手术费、精神损失费等共计1万元整。

而幼儿园园长李某则辩称,孩子受伤是孩子个人行为所致,与幼儿园无关,而且幼儿园和老师并非孩子的监护人,没有精力也不可能时时刻刻都监护孩子的任何动静。

◆分析

本案例的处理应本着"幼儿在园期间,幼儿园承担教育、管理、保护责任,尽职免责,失职担责"这一原则,当教师发现强强出现异常时,应第一时间通知保健医并将其送往医院进行救治处理,然后再通知家长。而本案例中教师在发现异常后并未做出处理,而是等待家长前来。

关于责任划分,家长认为园方未尽到监护责任,这是不对的,幼儿园对在园幼儿只有教育、管理和保护责任,监护责任是家长应尽的责任。而强强受伤是因为拿了另一个小朋友的纽扣电池所导致的,幼儿园没有对幼儿入园时所携带物品进行事前提醒或教育,因此要在没有尽到管理职责的范围内承担责任,而不是园方负责人的完全推卸责任。关于赔偿,幼儿园应根据《中华人民共和国民法典》中对人身损害赔偿项目和计算方法的规定,要求家长提供票据,同时请家长做出赔偿金额的具体说明,幼儿园有权排除不合理、不合法部分的费用。

二、幼儿教师义务履行中的常见问题

幼儿教师,作为幼儿日常生活的照料者、学习和发展的支持者、引导者、环境创设者,在教育教学中,应遵守《幼儿园教师专业标准(试行)》要求,秉持师德为先,热爱和尊重每一个幼儿,为幼儿的健康、全面发展提供适宜的教育、设计并组织丰富多样的活动。此外,每一位幼儿教师,都应规范言行,强化师德修养,做幼儿权益的捍卫者、实践者。

虽然幼儿教师队伍素质已全面提升,但在教育实践中,仍有损害幼儿合法权益、违背师德规范的个例存在,严重破坏了幼儿教师队伍的整体形象,也严重损害了幼儿的合法权益。针对幼儿在园遭受侵害案例频发这一事实,最高人民法院于2017年12月下发通知,要求各级检察机关充分履行检察职能,依法严厉惩治侵害幼儿园儿童的犯罪行为,还强调各级检察机关要坚持零容忍,对涉嫌强奸、猥亵、虐待儿童等,要依法从严、从快批准逮捕、提起公诉,形成司法震慑。《幼儿园教师专业标准(试行)》明确提出:幼儿园教师要"关爱幼儿,重视幼儿身心健康,将保护幼儿生命安全放在首位;尊重幼儿人格,维护幼儿合法权益,平等对待每一位幼儿。不讽刺、挖苦、歧视幼儿,不体罚或变相体罚幼儿"。

(一)猥亵与虐待儿童

1.猥亵儿童

猥亵儿童罪是指以刺激或满足性欲为目的,用性交以外的方法对不满14周岁的男童或女童实施的淫秽行为;猥亵手段包含抠摸、舌舔、吸吮、亲吻、手淫等;由于儿童对性的辨别能力很差,主要行为人对儿童实施了猥亵的行为,就构成猥亵罪,应当立案侦查。

根据《中华人民共和国治安管理处罚法》第四十四条规定:"猥亵他人的,或者在公共场所故意裸露身体,情节恶劣的,处五日以上十日以下拘留;猥亵智力残疾人、精神病人、不满十四周岁的人或者有其他严重情节的,处十日以上十五日以下拘留。"如具有以下情形之一的,应当以猥亵儿童罪追究其刑事责任:"一是一年内猥亵儿童两次以上或一次猥亵儿童两名以上的;二是采取暴力、胁迫或以之相威胁等方法强制猥亵儿童的;三是猥亵儿童致使被害人轻微伤以上损失的;四是猥亵儿童造成其他严重后果的,如严重损害儿童心理健康,造成被害儿童近亲精神错乱或自杀等。"[1]

案例4-10[2]

张某与妻子及另一对夫妻共同在南昌市青山湖区创办了一所幼儿园,他不仅是该幼儿园的创办人之一,同时也是该幼儿园的教师。

小文是张某班上的一名女童,张某很喜欢小文,为寻求心理刺激,在幼儿午睡

---

[1] 张春炬等.幼儿园常见法律问题案例及解析[M].北京:北京师范大学出版社,2018:67.
[2] 张春炬等.幼儿园常见法律问题案例及解析[M].北京:北京师范大学出版社,2018:66-67.

的时候,张某两次利用照顾小文睡觉的机会,以用手抠摸小文阴部的方式,对小文进行猥亵。

小文母亲在帮女儿洗澡时得知其下身肿痛,经询问,小文告诉了母亲张某对自己实施的侵害,小文母亲立即向公安机关报案,公安机关将张某抓获归案。南昌市青山湖区人民法院审理认为,被告人张某的行为构成猥亵儿童罪,由于其归案后如实供述罪行,且案发后已赔偿被害人损失并取得被害人及其家属谅解,故依法判决被告人张某犯猥亵儿童罪,判处有期徒刑六个月。

2.虐待儿童

《学生伤害事故处理办法》第十四条规定:"因学校教师或者其他工作人员与其职务无关的个人行为,或者因学生、教师及其他个人故意实施的违法犯罪行为,造成学生人身损害的,由致害人依法承担相应的责任。"近几年,某些幼儿教师对儿童的伤害行为越发隐蔽,由过去的打、扭、踹等转变为隐蔽的针扎事件等,对幼儿身心造成严重的伤害。国家通过出台政策法规,对虐童事件提出零容忍,而且一经查处,五年内不得从事儿童保教相关工作。

案例4-11[①]

孙某在云南省红河州建水县西湖幼儿园就职期间,为使入园的学前儿童服从管教,使用一支一次性塑料注射器在未经消毒处理的情况下,反复多次对儿童白某、李某等60余人的身体进行针刺,引起幼儿园儿童的严重恐慌。事后,经红河州第二人民医院司法鉴定所鉴定:孙某具有完全刑事责任能力,后经医疗部门多次检查,被刺伤儿童的HIV、乙肝、丙肝抗体均为阴性。2010年,云南省红河州建水县法院依法判决,被告人孙某构成以危险方法危险公共安全罪,一审被判处有期徒刑三年。

分析

因教师实施与其职务无关的个人行为造成的幼儿伤害事故,教育机构不承担赔偿责任,故本案例中孙某用针扎幼儿的行为与所在幼儿园教育教学无关,西湖幼儿园不承担赔偿责任,而由孙某本人承担刑事责任和民事赔偿责任。

① 张春炬等.幼儿园常见法律问题案例及解析[M].北京:北京师范大学出版社,2018:69.

但幼儿园对园所教职工的身心健康负有注意义务,包含每年的健康体检、教师治疗的诊断证明,也包含从一般常识角度对教师心理状态的观察、判断和处理等。如发现教师患有不适宜担任教育教学工作的疾病时,幼儿园应当即采取必要措施,对其工作进行调整,必要时暂停工作,安排其进行诊断、治疗,以避免在教育教学中对幼儿造成伤害。《学生伤害事故处理办法》第九条规定:"学校知道教师或者其他工作人员患有不适宜担任教育教学工作的疾病,但未采取必要措施的",学校应承担相应的责任。

如轰动全国并产生恶劣影响的"红黄蓝事件"。

案例4-12[①]

北京朝阳区红黄蓝新天地幼儿园教师刘某某(女,22岁,河北省人)因部分儿童不按时睡觉,遂采用缝衣针扎的方式进行"管教"。因涉嫌虐待被看护人罪,现刘某某已被刑事拘留。北京市朝阳区人民法院依法对被告人刘某某虐待被看护人案公开宣判。

经查明,刘某某为涉案幼儿园国际小二班的教师,在任职的班级内,使用针状物先后扎4名幼童,经刑事科学技术鉴定,上述幼童所受损伤均不构成轻微伤。但是法院认为,幼儿是祖国的未来、民族的希望,是需要特殊保护的群体,其合法权益不容侵犯。刘某某身为幼儿教师,本应对其看护的幼儿进行看管、照料、保护、教育,却违背职业道德和看护职责要求,使用针状物对多名幼童进行伤害,其行为严重损害了未成年人的身心健康,已构成虐待被看护人罪。一审判处刘某某有期徒刑一年六个月,同时禁止其自刑罚执行完毕之日或者假释之日起五年内从事未成年人看护教育工作。刘某某不服一审判决,向北京市三中院提出上诉;2019年6月11日,北京市第三中级人民法院对本案作出二审宣判,裁定驳回刘某上诉,维持原判"。

[①] 刘苏雅."红黄蓝"教师虐童案终审判——女教师上诉被驳获刑一年半并被责令5年内禁止从事未成年人看护工作[N].北京晚报.2019-06-18.

(二)侵犯幼儿的人格尊严

案例4-13[①]

某幼儿园近期发生了两件不愉快的事情。第一件事是一名幼儿从家里带了小铁丸放在口袋里,教师没有发现。上课时,该幼儿把铁丸放进嘴边,老师看到后以为他在吃东西,就问他吃什么,小孩子一紧张就把铁丸吞了下去,急得家长和老师团团转;幸好两天后,大便时拉了出来。第二件事是一名幼儿从家里带了电动玩具来幼儿园,在班级玩耍时,一根弹簧跳了出来,击中了旁边一个小女孩的眼睛,引发了一场纠纷,幼儿园花了不少精力。为了避免此类事件的再次发生,园方决定不许幼儿带任何玩具、玩物到幼儿园。为了落实这项工作,幼儿园专门设立两道关口:第一道在幼儿园大门口,幼儿入园时发现手上带有玩具,即请家长带回;第二道在各班活动室门口,有些小玩具装在幼儿口袋里不易发现,由各班老师对每个小朋友进行搜身,发现东西立即扣下,放学时再让幼儿带回。

分析

我国《宪法》第三十七条规定:禁止非法拘禁和以其他方法非法剥夺或者限制公民的人身自由,禁止非法搜查公民的身体。第三十八条:中华人民共和国公民的人格尊严不受侵犯。禁止用任何方法对公民进行侮辱、诽谤和诬告陷害。此案例中幼儿园的做法侵犯了幼儿的人格权。幼儿虽是未成年人,且为无行为能力人,但他们同样享有人格权,受我国宪法保护。

《幼儿园工作规程》(2016)第六条明确指出:幼儿园教职工应当尊重、爱护幼儿,严禁虐待、歧视、体罚和变相体罚、侮辱幼儿人格等损害幼儿身心健康的行为。

除了搜身外,有些幼儿园教师还存在着言语上对幼儿的侮辱、辱骂等,亦严重侵犯了幼儿的人格和尊严;作为幼儿教师,要提高法治意识,增强对《中华人民共和国宪法》《中华人民共和国未成年人保护法》及其学前教育政策法规中对儿童权益保护的相关规定,避免教育教学活动中出现一些违法、违规行为。

[①] 童宪明.幼儿教育法制案例分析[M].上海:复旦大学出版社,2016:19.

|下篇|
乡村幼儿教师职业道德规范

第五章
乡村幼儿教师职业道德规范的文本解读

学习目标

1. 爱国守法的含义、价值、践行要求
2. 爱岗敬业的含义、价值、践行要求
3. 关爱幼儿的含义、价值、践行要求
4. 教书育人的含义、价值、践行要求
5. 为人师表的含义、价值、践行要求
6. 终身学习的含义、价值、践行要求

思维导图

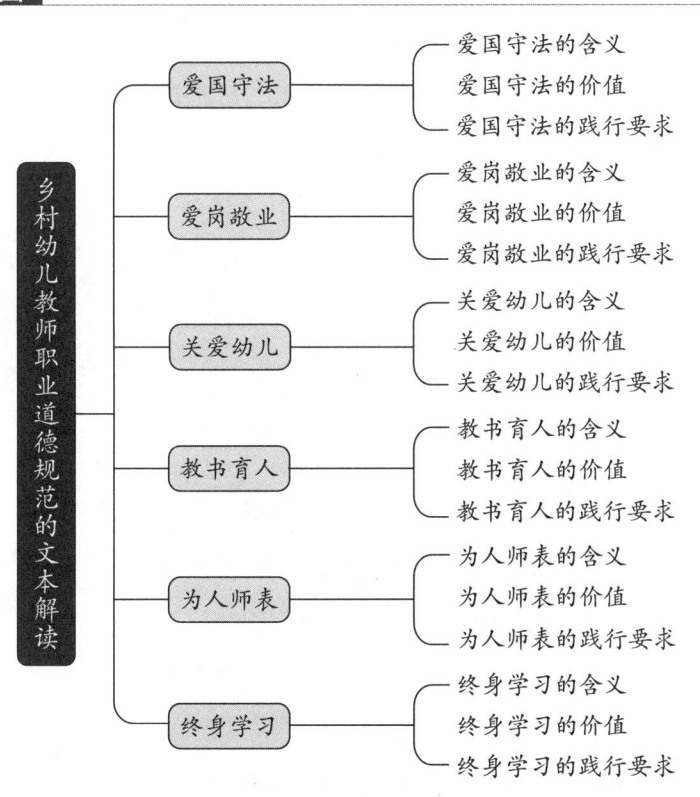

乡村幼儿教师职业道德规范的文本解读
- 爱国守法
  - 爱国守法的含义
  - 爱国守法的价值
  - 爱国守法的践行要求
- 爱岗敬业
  - 爱岗敬业的含义
  - 爱岗敬业的价值
  - 爱岗敬业的践行要求
- 关爱幼儿
  - 关爱幼儿的含义
  - 关爱幼儿的价值
  - 关爱幼儿的践行要求
- 教书育人
  - 教书育人的含义
  - 教书育人的价值
  - 教书育人的践行要求
- 为人师表
  - 为人师表的含义
  - 为人师表的价值
  - 为人师表的践行要求
- 终身学习
  - 终身学习的含义
  - 终身学习的价值
  - 终身学习的践行要求

小案例

　　小一班的老师工作有五六年了,是挺有经验的老师,可是今天中午发生的一件事却令她终生难忘。中午一点,小朋友们都在安静地午睡,班级老师按照惯例轻轻地在小床之间走动,观察幼儿午睡情况。

　　忽然,她发现牛牛的睡姿有些问题,不像往常睡熟的表情,眼睛似乎在向上翻。老师立刻意识到有问题,马上打电话喊来保健医生,保健医生仔细一瞧,说:"不好,是昏厥!""怎么会忽然昏厥?早上来还是好好的!"殷老师心中有很多的问题要问保健医生,但是时间紧迫,保健医生要求殷老师马上和自己一起把孩子送往最近的儿童医院,同时在第一时间通知家长。经过儿童医院诊断,牛牛是过敏性紫癜引起的短暂昏厥,如不及时发现、救治,就会有生命危险。此时,家长赶到医院,看到老师处理及时,一个劲儿地感谢老师,同时向老师自我批评:"今天早上送牛牛入园时,我没有向老师说明牛牛有点过敏了,没想到,这么严重,差点酿成大错。给老师添麻烦了!"老师心中暗自庆幸:"幸好自己中午严格执行午睡巡视的制度,早点儿发现了问题,要不,这会儿家长一定不是这个态度了,吵得打官司还不一定呢!"后来,家长为了表示感谢,给老师包了一个厚厚的红包,被这位老师婉拒了。

　　午睡的紧急事件值得我们每一位幼教人深思。幼儿教师日常工作中必须遵守爱国守法的职业规范,做到依法执教,否则很可能因为玩忽职守而酿成大错,触碰法律底线。而身为教师爱国守法、廉洁自律,要清楚什么事情是可以做的,什么事情是不能做的,明确道德和法律底线。[①]

大思考

1. 午睡的紧急事件让你想到了什么?
2. 幼儿教师日常工作中必须遵守哪些职业规范?
3. 幼儿教师职业道德规范具体有哪些内容?
4. 如何在实际工作中遵循幼儿教师的职业道德规范?

---

① 刘建.幼儿教师职业道德[M].上海:华东师范大学出版社,2015:53.

幼儿园教育是基础教育的重要组成部分,是我国学校教育和终身教育的奠基阶段。现阶段我国的学前教育正在蓬勃发展,幼儿园的数量显著增加,特别是乡村幼儿园的增多,对学前教育教师的需求与日俱增。乡村幼儿教师的职业道德水平直接影响着幼儿的茁壮成长和健康发展。幼儿教师职业道德是乡村幼儿教师从事职业活动时应遵守的共同行为准则,是评价教师行为是非善恶的具体标准,是构成教师职业道德体系的基本要素。职业道德规范在幼儿教师道德建设中起到至关重要的作用。[1]乡村幼儿教师应自觉遵守幼儿园教师职业道德规范,了解幼儿教师职业道德规范的具体内容,幼儿园幼儿教师职业道德规范包含爱国守法、爱岗敬业、关爱幼儿、教书育人、为人师表、终身学习六方面的内容。

第一节 爱国守法

一、爱国守法的含义

"爱国"是中华民族每个公民都应该具有的最基本的道德情感和道德信念。其内涵主要包括热爱祖国、报效人民、维护国家统一、捍卫民族尊严、为实现中华民族伟大复兴而努力奋斗。"守法"是中华民族每个公民都应该具有的最基本的道德意识和道德义务,其内涵包括学法、知法、用法,有法必依,执法必严,违法必究,坚决拥护宪法和法律。[2]

二、爱国守法的价值

爱国守法是幼儿教师从事教育活动的先决条件,其意义在于:其一,幼儿教师只有热爱国家,遵守法律,才能忠诚于祖国的教育事业,乐于奉献。其二,幼儿教师只有

---

[1] 刘建.幼儿教师职业道德[M].上海:华东师范大学出版社,2015:53.
[2] 刘建.幼儿教师职业道德[M].上海:华东师范大学出版社,2015:54.

做到爱国守法才能为幼儿做好榜样,培养其爱国主义情怀。其三,幼儿教师只有爱国守法,才能做到依法执教,成为一名合格的教育者。

三、爱国守法的践行要求

《幼儿园教师专业标准(试行)》对我们在教育教学工作中做到爱国守法提出了具体要求——"贯彻党和国家教育方针政策,遵守教育法律法规"。"尊重幼儿人格,维护幼儿合法权益,平等对待每一位幼儿。"总结归纳起来有两个方面:

(一)爱国主义教育贵在教师率先垂范,重在日常渗透

1.从自身做起,拥有热爱祖国和家乡的爱国主义情怀

首先,幼儿教师要自觉向对幼教事业有贡献的幼教专家、优秀教师学习,领悟爱国主义情怀,自觉提升自身的思想政治觉悟。其次,要对祖国的文化、历史有深入的学习和了解。再次,幼儿教师要关心时事政治、关注国际形势,对祖国的命运前途自觉产生关切之情,自觉维护国家的安定团结,支持国家的政策法律法规,为幼儿的健康成长积极营造安定、和谐的社会环境。

2.潜移默化地落实爱国主义教育

《幼儿园教育指导纲要(试行)》社会领域教育目标第五条写道:"爱父母长辈、老师和同伴,爱集体、爱家乡、爱祖国。"在教育内容与要求第七条写道:"充分利用社会资源,引导幼儿实际感受祖国文化的丰富与优秀,感受家乡的变化和发展,激发幼儿爱家乡、爱祖国的情感。"在指导要点第一条中写道:"社会领域的教育具有潜移默化的特点。幼儿社会态度和社会情感的培养尤应渗透在多种活动和一日生活的各个环节之中。"可见,爱国主义教育由于其领域特点和幼儿年龄特点决定其必须渗透在日常生活的各个环节中。

(二)知法守法重在平时,依法执教做到自我约束

1.知法是守法的前提和基础

了解与幼儿教育相关的法律法规可以帮助我们更好地实施合法规范的教育,也可以更好地保护幼儿和教师自己的利益。幼儿教师平时需要有意识地关注、学习相关法律法规,重视日常知识的积累。

2.守法是教师自觉的行为和义务

知法是教师重要的权利和义务,守法是重要的师德内容。首先,幼儿教师必须有自觉守法的意识,在日常教育教学工作中要清楚什么事情可以做,什么事情不能做,明确道德和法律的底线。其次,幼儿教师要养成规范的教育行为习惯。最后,教师要自觉学习科学教育幼儿的方法。

3.做知法守法的幼儿教师

幼儿教师知法守法最终要落实到自身教育行为上,做到依法执教。依法执教就是讲自己所了解到的法律法规与教育实际相联系,以法律为准绳进行自我约束,把自己自觉塑造成合格的人民教师。[①]

第二节 爱岗敬业

一、爱岗敬业的含义

所谓"爱岗敬业",从字面上理解,爱岗就是热爱自己的工作岗位,热爱本职工作;敬业就是用一种恭敬的态度对待自己的工作。爱岗是一种职业情感,敬业是一种工作态度,爱岗敬业作为最基本的职业道德规范,是对工作态度的一种普遍追求。

二、爱岗敬业的价值

(一)促进幼儿身心健康成长

师德高尚有爱岗敬业信念的教师才能培养出心灵健康的幼儿。教师是人类灵魂的工程师,我们主动地选择这一神圣的岗位,就要有一种虔敬的态度,坚守的毅力,靠自己的敬业精神和职业能力,燃烧自己,让真理的光芒照亮孩子美好的心。

---
① 刘建.幼儿教师职业道德[M].上海:华东师范大学出版社,2015:56.

(二)提高乡村幼儿园保教质量

建设一支热爱农村幼教事业、热爱幼儿,不断钻研业务,愿意把自己的才华和青春奉献给农村幼教事业的教师队伍,才能从根本上保证农村幼教的质量,促进幼儿的健康成长。[①]

(三)推动社会精神文明建设

习近平总书记指出:"中国特色社会主义是物质文明和精神文明全面发展的社会主义。"教师职业道德不仅影响学校教育和学生,还通过各种途径和方式影响社会。这种影响的具体方式主要有:通过学生影响家庭、单位甚至整个社会;通过学生的品德、个性、人格影响他的一生,进而影响社会的前途和未来。教师职业是培养人的高尚职业,是劳动力再生产的必不可少的条件。任何社会物质资料的再生产和人类自身的再生产都离不开教育。劳动者的精神面貌、道德状况水平直接影响生产力的发展。[②]加强农村幼儿教师职业道德建设有利于推动农村社会精神文明建设。

三、爱岗敬业的践行要求

(一)对乡村幼儿教育充满热情和兴趣

乡村幼儿教师的工作具有复杂、繁重、琐碎的特点,从幼儿的保育工作,幼儿在园的起居,到各种教育活动的组织,都需要教师付出艰辛的劳动。乡村幼儿教师的工作十分繁重,它难以有可以衡量的标尺,是一种周期长见效慢的劳动,它没有"立竿见影"的效应。乡村幼儿教师没有令人羡慕的社会地位和权力,也没有显赫的名声和财富。这就要求幼儿教师只有忠于幼教事业,才会使幼儿教师发自肺腑地对幼教事业、对幼儿充满热情充满热心,才会使幼儿教师甘于奉献乐于奉献,才能为从事的神圣职业而自豪,才能为自己从事的事业充满高度的责任感,倾注满腔的热情,任劳任怨,不计得失,做出成绩,创造辉煌。我们要向伟大的人民教育家陶行知先生学习,坚守自己的职业,捧着一颗心来,不带半根草去。[③]

---

① 姜玉海.新时期农村幼儿教师职业道德建设探析[J].兰州教育学院学报,2014(4):148-150.
② 郭正良,颜旭.幼儿教师职业道德(第四版)[M].长沙:湖南大学出版社,2018:12.
③ 刘建.幼儿教师职业道德[M].上海:华东师范大学出版社,2015:57-58.

(二)立足保教,尽职尽责

幼师职业虽然平凡,保教工作却关乎幼儿的健康成长和一生的发展。幼儿园阶段是幼儿一生品德、行为习惯养成的关键时期,这对我们幼儿教师的人格魅力提出了更高的要求,要正直、善良、温暖、可爱。要从思想上、品质上给予渗透、影响,让幼儿从小具有是非观念,引导他们关爱别人、诚实守信,带动他们积极乐观开朗地生活。

幼儿教师既然选择了幼教事业,就必须干一行爱一行,守得住清苦,耐得住寂寞,抵得住诱惑,不为奢华所动,不为浮躁所扰,不为名利所困,聚精会神从事幼教事业,甘做红烛,当好幼儿的启蒙者和引路人,把立德树人作为最大的责任,把关心孩子成长作为最大的快乐,把满足孩子的渴求作为最大的义务,用爱和责任肩负起培养下一代的使命。"爱"是一切行为的动力和源泉,只有热爱才能够在平凡的岗位上享受付出的意义和快乐。与此同时能够与幼儿共同成长,不断地提升自己的专业能力并且成为推动农村幼教事业的领军人。

(三)勤奋钻研,科学施教

幼儿教育活动需要遵循其客观规律。能否认识、理解和正确运用幼儿教育规律,直接关系到幼儿教师的工作成效。爱岗敬业的幼儿教师,不会满足于仅仅依靠过去积累的经验育人,而会不断地总结幼儿教育规律,并按照幼儿教育规律的要求科学组织养育活动;无论是备课、活动,还是游戏、管理班级,都会将自己的教育行为置于科学认识的照察之下,在教育规律限定的范围内科学地规划、组织、实施。[①]

(四)淡泊名利,育人为乐

幼儿教育工作神圣而高尚,但往往清贫又艰苦,应该建立他利大于己利的价值取向。不求闻达、不慕名利、不谋富贵、甘为人梯、乐教勤业,将育人作为自己的终极快乐和追求。

案例5-1

一位担任了多年年级组组长的市级骨干教师,在园内班组长竞聘落选之后,来到新班级作为一般教师配合原班组长工作,此时她仍然能保持乐观豁达的心态,专

---

① 郭正良,颜旭.幼儿教师职业道德(第四版)[M].长沙:湖南大学出版社,2018:102-104.

注于教育教学工作。当别人问起:"遭遇职业生涯的挫折,你如何能做到这般豁达?"这位骨干教师说:"只要孩子还需要我,只要我还是一位可以教他们学本领的幼儿教师就好!其他的算不上什么。"在这样的教育信念支持下,这位老师经受住了考验。

经过不懈努力,不久之后,她在教育局组织的副园长竞聘中脱颖而出,成为年轻的业务园长,令他人刮目相看。这是幼儿教师职业坚守的又一真实例子。[①]

分析

爱岗敬业是人类社会最为普遍的奉献精神,它看似平凡,实则伟大,它是对教师职业道德的本质要求。幼儿教师,应该淡泊名利,始终牢记自己的神圣职责,志存高远,把个人对待工作的态度和万千家庭的幸福和未来紧密联系,和祖国的繁荣富强紧密联系,在丰富的教育实践中履行自己的职责。

第三节 关爱幼儿

所谓关爱幼儿,即乡村幼儿教师要关心和热爱自己的教育对象。孔子提出"仁者爱人"的教育原则。苏霍姆林斯基说:"教育技巧的全部奥秘就在于如何爱护儿童。"苏联教育家赞可夫说:"当教师必不可少的,甚至几乎是最主要的品质,就是热爱儿童。"热爱儿童,就是幼儿教师对幼儿从教育理念到教育行为,发自内心无条件地热爱。《幼儿园教师专业标准(试行)》的"师德为先"的理念中提出:"关爱幼儿,尊重幼儿人格,富有爱心、责任心、耐心和细心。"热爱儿童其实是在师幼关系上,对幼儿教师提出了职业道德要求。热爱儿童是幼儿教师职业道德的核心精髓。[②]

[①] 刘建.幼儿教师职业道德[M].上海:华东师范大学出版社,2015:59.
[②] 刘建.幼儿教师职业道德[M].上海:华东师范大学出版社,2015:53.

一、关爱幼儿的含义

对于幼儿教师来说,关爱学生涵盖三方面的含义即爱护全体幼儿,尊重幼儿的独立人格和关心幼儿的安全和健康。爱护全体幼儿是既要面向全体幼儿进行教育又要关注个体差异,把爱融于日常生活之中。尊重幼儿的独立人格就是要和幼儿建立平等的师幼关系,尊重幼儿需要,灵活地选择活动,给予幼儿自由谈论与活动的空间,促使幼儿良好个性的发展。关心幼儿的身体、心理健康和安全,保证幼儿在园的生命安全是幼儿教师工作的重点,也是热爱儿童的具体体现。关爱儿童是幼儿教师应特有的一种职业情感,是良好的师幼关系得以存在和发展的基础,也是幼儿教师必须具备的道德品质。

二、关爱幼儿的价值

爱是幼儿教育工作的基础,也是一名幼儿教师的基本素质。幼儿教师热爱儿童的基本价值,归纳起来有如下几点:

(一)教育对象的年龄特点和发展需要

幼儿教师的教育对象是3—6岁学龄前儿童,他们身心稚嫩,缺乏自我保护能力,但是这个时期又是他们身心迅速发展,可塑性极强的时期。《幼儿园教育指导纲要(试行)》中指出:"幼儿园教育是基础教育的重要组成部分,是我国学校教育和终身教育的奠基阶段。"幼儿园要"满足他们多方面发展的需要,使他们在快乐的童年生活中获得有益于身心发展的经验"。心理学家埃里克森把人的一生分为8个阶段,其中学龄前儿童是建立基本的信任感、自主感和主动性的重要时期,他认为,这些是发展儿童健康人格和道德品质的重要因素。心理学家弗洛伊德特别强调儿童的早期经验对人的一生人格形成的重要影响。可见,在幼儿这样一个重要的人生发展阶段,幼儿教师必须倾注爱心,热爱儿童,为他们将来的幸福人生奠基。幼儿教师只有努力做到热爱儿童,才能促进每个幼儿身心和谐、全面、自由充分地成长。[①]

(二)幼儿教师特定的身份和教育工作需要

《中华人民共和国教师法》中规定,教师要"关心、爱护全体学生,尊重学生人格,

---

① 刘建.幼儿教师职业道德[M].上海:华东师范大学出版社,2015:61.

促进学生在品德、智力、体质等方面全面发展"。可以看出,热爱儿童是教师必须承担的义务和责任。同时,3—6岁幼儿的情感稚嫩脆弱,自控能力弱,幼儿教师应该努力和每个幼儿建立起信任、依赖的情感基础,才能便于一日活动的顺利开展。幼儿教师只有让幼儿感受到爱,才能赢得幼儿的喜爱和尊重。

(三)社会历史文化传承与发展的需要

著名教育家捷尔任斯基说过:"爱,这是一切善、崇高、力量、温暖、快乐的创造者。"德国幼儿教育家福禄培尔关爱儿童,发明创造了孩子们的玩具"恩物"。意大利幼儿教育家蒙台梭利关爱智障儿童,总结了蒙氏教学法,指引幼儿教师用适宜的方法促进儿童的心智发展。[1]从社会发展角度看,教育发展的历史就是教育者永不停止地,用爱和智慧诠释着人文关怀、见证着被教育者供养生命,被爱唤醒和点燃的历程。可以说,幼儿教师热爱儿童体现了人类社会的人道主义精神。热爱儿童不仅是社会历史在理念层面对教师的自我约束,更是以一系列法律法规将教育行为规范化的具体呈现。因此,热爱儿童是幼儿教师必须具备的专业素养和职业情感。

三、关爱幼儿的践行要求

(一)保护幼儿的生命安全

幼儿教师在一日教学活动中要及时消除安全隐患,对幼儿进行各个方面的安全教育,规范自身的教育教学行为,恪守园所规章制度,全力保障幼儿的生命安全。

(二)关注幼儿的身心健康

幼儿教师应关注幼儿的身心健康,做到关注幼儿的生长发育变化及做好疾病的防治工作,培养幼儿良好的行为习惯,遵循幼儿的年龄特点开展丰富的教育教学活动,为幼儿营造温馨、舒适、平等的培育环境与师幼关系。

(三)尊重幼儿的人格和权力

《幼儿园教育指导纲要(试行)》指出:"幼儿园教育应尊重幼儿的人格和权利,尊重幼儿身心发展的规律和学习特点,以游戏为基本活动,保教并重,关注个别差异,促进每个幼儿富有个性的发展。"所以,幼儿教师要有尊重幼儿权利的意识,规范自己的教

---

[1] 刘建.幼儿教师职业道德[M].上海:华东师范大学出版社,2015:61.

学行为,保障幼儿的权利,热爱儿童。

> **案例 5-2**
>
> **危险来袭挺身护幼**
>
> 2009年12月30日早上,重庆市一幼儿园的孩子正在陆续入园,突然一名提刀男子从空地旁的小路上闯到教室门口,叫喊着:"老子要杀人。"51岁的龚老师出于教师的本能急忙保护幼儿,并伸开双臂堵住门口,左手被男子劈伤,血流如注。此后男子被赶来的居民制服送往公安机关。经过调查,此男子是外地流窜人员,有精神病史并发作伤人。①
>
> **分析**
>
> 幼儿教师是幼儿在园时的直接教育者、管理者和保护者,对幼儿的生命安全负有一定的责任。案例中的龚老师为了保护幼儿,不惧危险,与歹徒英勇搏斗,很好地履行了一名幼儿教师保护幼儿生命安全的责任。《中华人民共和国教师法》第二章第八条规定:"制止有害于学生的行为或者其他侵犯学生合法权益的行为。"可见,保护幼儿生命安全不仅是幼儿教师的道德义务,更是法律义务,是幼儿教师应具备的专业理念和专业能力,更是幼儿教师关爱学生的真情流露。②

第四节 教书育人

一、教书育人的含义

《幼儿园教师专业标准(试行)》中"基本理念"的第一条是师德为先,其中指出"为

---

① 有精神病史者提刀进幼儿园,女教师迎上前护孩子[N].重庆晚报,2010-01-05.(有删改)
② 刘建.幼儿教师职业道德[M].上海:华东师范大学出版社,2015:63.

人师表,教书育人,自尊自律,做幼儿健康成长的启蒙者和引路人。"法国大教育家卢梭指出:"只有一门学科是必须要交给孩子的,这门学科就是做人的天职……我宁愿把有这种知识的老师称为导师而不称为教师,因为问题不在于要他拿什么东西去教孩子,而是要他指导孩子怎样做人。"[1]可见,教书育人是幼儿教师的核心道德,教书育人是幼儿教师的使命和责任。教书育人,即遵循教育规律,实施素质教育;循循善诱,诲人不倦,因材施教;培养学生良好品行,激发学生创新精神,促进学生全面发展。

二、教书育人的价值

(一)幼儿身心健康成长的基础

幼儿教师只有具备了教书育人的理念,才能够在时时处处关照幼儿的身心健康成长。《幼儿园教育指导纲要(试行)》在健康领域指导要点中指出:"树立正确的健康观念,在重视幼儿身体健康的同时,要高度重视幼儿的心理健康。""既要高度重视和满足幼儿受保护、受照顾的需要,又要尊重和满足他们不断增长的独立要求,避免过度保护和包办代替,鼓励并指导幼儿自理、自立的尝试。"幼儿教师只有心中有教书育人的意识,才能将《幼儿园教育指导纲要(试行)》精神融于幼儿一日生活教育中,理解并落实以上指导要点,将其转化为教育行为,促进幼儿身心和谐发展。[2]

(二)自我价值的实现

每个人选择自己热爱的事情,全身心投入就能做好。教书育人要体现在每一个细致入微的地方,不仅在教学方面,也会在与师幼互动的过程中体现出来。你是否是真心的、是否把全部的时间和精力都用在教学上,孩子们是可以细致地感受到的。教书育人最重要的是自我价值的实现,教书是一个潜移默化的过程,看到孩子们围绕在自己的周围,是作为教师最大价值的实现。也就是说想要给到幼儿的东西,除了答疑和解惑,更多的时候笔者认为是对幼儿价值观的引导的实现,即学生对老师人生观价值观的认可。因为喜欢所以得到认可,得到认可所以做得更好,也是自我价值的一种体现。

---

[1] 卢梭.爱弥儿 论教育(上)[M].李平沤,译.北京:商务印书馆,1978:31.
[2] 刘建.幼儿教师职业道德[M].上海:华东师范大学出版社,2015:67.

三、教书育人的践行要求

《3—6岁儿童学习与发展指南》是帮助幼儿教师落实教书育人责任的重要指引。幼儿教师应把握以下四个方面:关注幼儿学习与发展的整体性;尊重幼儿发展的个体差异;理解幼儿的学习方式和特点;重视幼儿的学习品质。根据《3—6岁儿童与学习发展指南》,结合幼儿教师职业特点,幼儿教师在教育教学工作中,应该做到:

(一)保教结合,关注幼儿的生活经验

幼儿的身心特点决定了其在园需要得到教师更为细致的呵护和生活照料,能够在保育过程中得到适时教育。幼儿教师只有保教并重才能照顾好幼儿,保证幼儿身心健康发展。坚持保教结合是幼儿教师教书育人的实施原则。

关注生活的幼儿教育是幼儿教师实现教书育人的重要途径。陶行知先生说,"生活即教育","教育就是培养生活习惯"。幼儿教师在教育中要考虑幼儿各种经验之间的联系和迁移,善于利用生活中的每个片断适时地开展教育;善于在生活中发现教育契机;善于把握幼儿在园一日生活中各个环节中的教育机会,恰如其分地进行教书育人。

(二)培养幼儿的良好品质

培养幼儿积极的情感、态度和能力是幼儿终身受益的好品质。幼儿教师要善于在一日生活、教育教学中培养幼儿必需的好品质。如创设宽松自由的环境,从幼儿的兴趣和需要出发,引导幼儿自主参与、选择,培养幼儿独立、自主、自制、专注、合作等好品质;在教育教学中抓住各领域的核心能力进行培养;教学中强调幼儿主动获取知识的过程体验,促进幼儿的思维能力发展等。注重保护幼儿的好奇心,培养幼儿的想象创造能力,尊重并关注幼儿的个体差异,健康成长。

(三)评价从关注结果走向关注过程

在《幼儿园教师专业标准(试行)》中提到:关注幼儿日常表现,及时发现和赏识每个幼儿的点滴进步,注重激发和保护幼儿的积极性、自信心;有效运用观察、谈话、家园联系、作品分析等多种方法,客观地、全面地了解和评价幼儿;有效运用评价结果,指导下一步教育活动的开展。

1.探寻家庭环境对幼儿成长的影响

幼儿的行为表现背后是家庭环境对其的影响。正如马卡连柯所说:"家庭是最重要的地方,在家庭里面,人初次向社会生活迈进。"①幼儿教师要意识到家庭环境对幼儿成长的重要作用,当幼儿行为上出现问题的时候,不仅要关注幼儿个体行为产生的结果,更要探寻家庭成员的观念、言论、行为方式对幼儿成长变化所造成的影响,探寻其行为背后的原因,合理评价幼儿。幼儿教师"应本着尊重、平等、合作的原则,争取家长的理解、支持和主动参与,并积极支持、帮助家长提高教育能力",为幼儿的成长助力。

2.重视活动过程的价值,记录幼儿成长历程

教育家卢梭说:"大自然希望儿童在成人之前就要像儿童的样子。如果我们打乱了这个次序,就会造成一些果实的早熟,它们长得既不丰满也不甜美,而且很快就会腐烂。"《幼儿园教育指导纲要(试行)》提出:"尊重幼儿在发展水平、能力、经验、学习方式等方面的个体差异,因人施教,努力使每一个幼儿都能获得满足和成功。"

幼儿教师要引领家长认识到孩子成长的过程比结果更重要,和家长一起通过文字、照片、视频等方式展现、记录幼儿的成长足迹,让幼儿看到自己成长的变化和进步,让成人看到活动过程对儿童发展的重要价值。

3.关注良好的人际关系对幼儿成长的促进

《幼儿园教育指导纲要(试行)》指出:"要创设一个能使幼儿感受到接纳、关爱和支持的良好环境。""教师对儿童要有积极的期望",幼儿教师要从自身做起,积极回应每一位幼儿发起的交往愿望,且关注幼儿在幼儿群体中人际关系状况和地位,关注受群体欢迎的"人缘儿"对群体幼儿的影响力,及时发现游离于群体之外的"边缘儿",并给予鼓励和支持,促进其融入集体。

案例 5-3 ②

在活动区游戏时,孩子们总是显得很兴奋。游戏刚刚开始,活动室里便炸开了锅,到处是一片喧闹的景象,不免让人觉得有些嘈杂。于是李老师便拍了拍手,提醒他们说:"孩子们,请小声点儿,讲悄悄话。"可不一会儿,声音又从四面八方传来。

这时一个刺耳的声音响起,原来是文文小朋友不知从哪儿找到了一个哨子吹

---

① 马卡连柯.父母必读[M].诸惠芳译.北京:人民教育出版社,2019:303.
② 郭正良,颜旭.幼儿教师职业道德(第四版)[M].长沙:湖南大学出版社,2018:56.

了起来。李老师不由得提高了声音:"文文,你在干什么?"顿时,教室里一片安静。此时,在李老师的身后传来了一个小小的声音:"老师,你轻一点儿,别把我的孩子吵醒了。"

李老师转过身来,只见云云小朋友看着她,怀里搂着一个布娃娃。她的话提醒了李老师!李老师反思:看来我在提醒小朋友不要影响别人时,却不慎影响到了她。是啊,我要求小朋友轻轻讲话,不打扰到别人,首先自己也要轻轻讲话。于是,我走到文文身边,在他的耳边轻轻地说:"请不要打扰小朋友好吗?"又用同样的方法提醒了其他的小朋友,活动室里一下安静了许多。看着他们有秩序地游戏,我不禁从心里感谢云云小朋友,是她提醒了我。面对一张张童稚的面孔,一双双求知的眼睛,我明白,我们不仅要教会他们知识,更重要的是教会他们做人的道理。

分析

教师的一言一行都对幼儿起着潜移默化的作用,作为新时代的幼儿教师,本着教书育人的原则,教师教育观念应该转变。不将教育流于表面,要关注幼儿健全人格的塑造,尊重幼儿成长规律,扩展幼儿的兴趣爱好,在培养幼儿的智商的同时更注重情商教育,重视幼儿的创新创造能力。与此同时,教师也要及时反思,注重自身能力的提升,与幼儿共同成长,要探索让幼儿和老师能触及、能感受的学习生活方式和学习场景,让幼儿有美好的体验、有丰富的收获,幼儿才能够获得能"带得走"且持续的成长。

第五节 为人师表

一、为人师表的含义

为人师表是幼儿教师职业的内在要求,是幼儿教师师德的具体体现。为人师表就是要求幼儿教师,以自己的人格魅力和榜样作用,影响幼儿、家庭和社会,共同促进幼儿身心健康和谐发展。[①]师表即表率,即在人格学问方面作别人学习的榜样。作为一名幼儿教师,更要以身作则,言传身教,以无声胜有声,寓有形于无形。

二、为人师表的价值

1.促进幼儿身心全面和谐发展

著名教育家叶圣陶曾说过:"教育工作者的全部工作就是为人师表。"幼儿教育是孩子接受教育的启蒙阶段,幼儿教师在教育过程中的角色不仅仅是传道授业解惑,更是幼儿学习活动的支持者、合作者、引导者,幼儿教师本身就是一种教育资源与力量,他直接潜移默化地影响孩子的发展和成长。幼儿的模仿能力很强,教师对于幼儿而言就是一个学习的标杆,一言一行都影响着孩子的成长。幼儿教师做到为人师表能帮助幼儿获得有益的学习经验,提高生活和学习能力,促进幼儿身心全面和谐发展。

2.丰富知识技能,提高人格魅力

为人师表,教师的魅力在于睿智。教师在为人师表的道德规范中能够不断提升自己,拥有具有渊博的知识、一定的专业水准以及不断学习和发展的愿望,懂得反思自己,更新自己的教育理念,向着一个充满魅力的幼儿教师努力。俄国著名教育家乌申斯基说过:"只有人格,最能影响人格的发展和形成。"用健康的、正确的思想教育幼儿,以高尚的灵魂和言行感染、影响幼儿,这就是幼儿教师的人格魅力所在。一个有人格魅力的幼儿教师,在点燃幼儿内心火花的同时也能收获学时、人格魅力、信心和快乐!

3.符合社会期待,推进文化发展

春秋时期的大教育家孔子,有弟子三千,一生从事传道、授业、解惑,被中国人尊称"至圣先师,万世师表"。古往今来,教师被视为社会进步、精神文明的代表,对社会各界成员起到正面导向和表率作用,从而赢得人们的尊敬。因此,社会期待教师能够不负众望,做到"为人师表"。目前,在市场经济运行下,社会上出现拜金主义、信仰缺失等现象,教育行业也被沾染上不良的风气。但是,处于新的历史时期,面对着不同的幼儿家庭的期待,幼儿教师必须做到自我约束,提升师德修养,做到"为人师表",坚守住幼儿教育这一块净土,捍卫师表形象和教师尊严。[②]

---

① 刘建.幼儿教师职业道德[M].上海:华东师范大学出版社,2015:72.
② 刘建.幼儿教师职业道德[M].上海:华东师范大学出版社,2015:72.

三、为人师表的践行要求

《幼儿园教师专业标准(试行)》在专业理念和师德部分对职业理解与认识和个人修养与行为提出了具体的规范和要求,具体实施可以归纳为以下三个方面:

(一)恪守师德,做良心的教师

一位优秀的幼儿教师要忠诚于人民的学前教育事业,做到敬业乐业、宽容仁慈,有强烈的责任心、使命感,以自己的高尚品格树立形象和威信。马卡连柯说:"如果教师在学生心目中失去了威信,就无法进行教育活动;相反,威信愈高,教育会愈有力量。"为了树立自己的威信,幼儿教师要注意自己的言谈举止、服饰爱好、治学态度和工作作风等,尤其不要在幼儿教育活动上敷衍了事。

(二)言传身教,做有修养的教师

《幼儿园工作规程》(2016)中明确指出,幼儿园保育和教育的主要目标是:"促进幼儿身体正常发育和机能的协调发展,增强体质,促进心理健康,培养良好的生活习惯、卫生习惯和参加体育活动的兴趣;发展幼儿智力,培养正确运用感官和运用语言交往的基本能力,增进对环境的认识,培养有益的兴趣和求知欲望,培养初步的动手探究能力;萌发幼儿爱祖国、爱家乡、爱集体、爱劳动、爱科学的情感,培养诚实、自信、友爱、勇敢、勤学、好问、爱护公物、克服困难、讲礼貌、守纪律等良好的品德行为和习惯,以及活泼开朗的性格;培养幼儿初步感受美和表现美的情趣和能力。"《幼儿园工作规程》(2016)中幼儿保育教育培养目标涉及行为习惯、态度情感等方方面面,教师应当以身作则,身教重于言教。陶行知认为:首先,教师要严格要求自己。教师的"一举一动,一言一行,都要修养到为人师表的地步",要求学生做到的,教师首先自己应能做到。其次,教师应该做到廉洁自律、服饰端庄得体,必须注重外在形象和内在修养的塑造,注重言谈举止对幼儿身心发展的影响。

(三)热爱学习,做坚守理想的教师

幼儿教师必须明确职业性质,树立远大的教育理想,坚守安贫乐道、默默奉献的情操,主动追求精神富足并在教育实践中找到职业幸福感。

案例5-4

妈妈把丫丫从幼儿园接回家,刚进门就发现丫丫和往常有些不一样。"丫丫,去洗手!"妈妈又催了丫丫一遍,可是丫丫还是坐在沙发上低着头看手。妈妈轻轻走上前,看到了丫丫的10个手指甲全变成了彩色,禁不住叫了起来:"啊!"丫丫惊讶地抬起头,然后笑着对妈妈说:"好看吗?妈妈!我下午玩美工区活动的时候悄悄用水彩笔涂上去的。"妈妈已经忍不住了,涨红了脸,高声叫起来:"水彩笔有毒的啊,涂成这样,多难看啊!"丫丫委屈地叫起来:"好看好看,我们大二班的王老师就是这样的!"妈妈忽然想起来,说的没错,丫丫班上的王老师手指甲就是经常涂满指甲油的!她一时间居然说不出话来。

思考:就以上案例谈谈你的想法?

分析

教师的"一举一动,一言一行,都要修养到为人师表的地步",教师是幼儿的榜样,不仅要用健康的、正确的思想教育幼儿,以高尚的灵魂和言行感染、影响幼儿。教师还应该做到廉洁自律、服饰端庄得体,必须注重外在形象和内在修养的塑造,注重言谈举止对幼儿身心发展的影响。[①]

第六节 终身学习

一、终身学习的含义

终身学习就是指社会每个成员为适应社会发展和实现个体发展的需要,贯穿于人的一生的、持续的学习过程。《中小学教师职业道德规范(2008年修订)》中这样描述

---

① 刘建.幼儿教师职业道德[M].上海:华东师范大学出版社,2015:75

"终身学习"的概念:崇尚科学精神,树立终身学习理念,拓宽知识视野,更新知识结构。潜心钻研业务,勇于探索创新,不断提高专业素养和教育教学水平。[①]终身学习的思想也是《幼儿园教育指导纲要(试行)》的基本指导思想。《幼儿园教育指导纲要(试行)》中明确指出:"幼儿园教育是基础教育的重要组成部分,是我国学校教育和终身教育的奠基阶段",要"为幼儿一生的发展打好基础"。幼儿教育已经融入终身学习的理念,幼儿教师更应该自觉要求自己终身学习。《幼儿园教师专业标准(试行)》在基本理念中也提道:"学习先进学前教育理论,了解国内外学前教育改革与发展的经验和做法;优化知识结构,提高文化素养;具有终身学习与持续发展的意识和能力,做终身学习的典范。"幼儿教师终身学习的含义即拥有终身学习的理念并持之以恒。

二、终身学习的价值

(一)满足幼儿不断变化的成长需要

《幼儿园教育指导纲要(试行)》中指出:"幼儿园应为幼儿提供健康、丰富的生活和活动环境,满足他们多方面发展的需要。"幼儿教师只有通过不断学习,才能理论联系实际,知行合一,为幼儿在不同的发展时期提供适宜的支持和保障。同时,随着社会的发展变化,新的教育问题层出不穷。幼儿教师只有不断学习,才能顺应幼儿的发展变化,及时应对幼儿成长中的变化,给予家长科学合理的帮助和指导,共同促进幼儿身心健康和谐地发展。因此,幼儿教师必须终身学习,只有学习才能满足幼儿不断变化的成长需要。

(二)促进幼儿教师职业生涯的可持续性发展

终身学习是幼儿教师持续获得专业能力提升的动力和源泉。幼儿教师职业生涯不是在师范院校一次性就能够完成的,而是一个职前职后连续不断发展的过程,在职前做好充分的准备,职中不断继续学习和改进、升华,才能从容应对职业生涯发展中所遇到的诸多挑战。要使幼儿教师获得的理论知识和幼儿教育技能能够"保值"和"升值",必须把制度化学习与非制度化学习融合一体,将自主学习、教育创新融合起来,通过职前教育、职后培训以及自学等途径,不断补充自己的理论知识和提高自身的幼儿教育技能,才能保证和促进职业生涯的可持续性发展,同时也将促进幼儿教育

---

① 刘建.幼儿教师职业道德[M].上海:华东师范大学出版社,2015:75.

三、终身学习的践行要求

时代的多元化发展需要乡村幼儿教师通过终身学习促进职业生涯发展。终身学习是当代幼儿教师的基本生存素质以及职业生涯发展的必由之路,每个幼儿教师必须利用自己一生中各种条件和机会去学习,以适应教育变革以及社会发展。

终身学习是幼儿教师职业生涯发展的必然要求,实现幼儿教师职业生涯发展视角下的终身学习包括两个方面:一是幼儿教师自身要树立科学的学习观和参与幼儿教育研究的意识,二是社会、教育机构和组织为其终身学习创造条件和机会。

(一)树立终身学习的理念,形成终身学习的态度和习惯

幼儿教师树立终身学习的理念即要有主动学习的愿望和行动,并坚持让学习伴随自己一生的教育事业,要在教育幼儿的过程中渗透终身学习的理念,促使幼儿将来能够具备终身学习的愿望和能力。幼儿教师要持有积极主动学习的愿望,并能够将其养成一种生活方式。

(二)参与多种形式的培训提升自己的专业能力

"学习,是教师专业发展的根本途径,每个优秀的教师可能有各自不同的优势与专长,但有一点肯定是一致的,那就是主动学习。学习已成为他们迫切的、发自内心的需要。"学习不必局限于读书,它的方式应该是多种多样的。幼儿教师要了解多种形式的职后培训,积极参加各类培训,主动且认真学习,努力在各类研训中提升自己的专业能力。

(三)社会与教育机构和组织的保障与引导

加强制度建设,完善幼儿教师职业生涯发展的保障体系,促进幼儿教师职业生涯的持续、全面、个性化的发展。首先要完善终身学习相关的制度,为幼儿教师职业生涯发展奠定终身学习的保障;建立幼儿教师职后培训制度和社会协同机制,完善幼儿师资培训的服务机制,为幼儿教师职业生涯发展创造良好的条件。其次,完善幼儿教

---

① 刘延金,钟杨.基于终身学习理念视角下的幼儿教师职业生涯发展[J].湖南第一师范学院学报,2015(4):49-51.

师终身学习的政策与法律保障体系。把幼儿教师职业的专业化发展置于更加重要的位置。系统地提出幼儿教师职业专业化要求,将幼儿教师职业专业化与终身学习结合起来,切实保障幼儿教师职业生涯发展的权利与义务。注重标准化建设,实现职前、入职、在职教育与主动自学一体化,通过标准化制度的建立,促进幼儿教师职业生涯更好发展。①

案例5-5

又是一年开学季,今年的开学季比往年更热闹,因为分园的建成,某幼儿园新进了8名新教师。按照以往的惯例,教师节有一项重要的仪式就是师徒结对仪式。"刚参加工作的新教师为徒弟,本班资深教师即班组长为师傅,师徒二人签订《师徒协议》,从此,徒弟要虚心向师傅求教,学习做合格的幼儿教师。师傅要耐心关怀徒弟,在生活、工作、学习上要真诚地帮助徒弟,师徒二人教学相长共同进步。"在园长声情并茂的祝福声中,8对师徒携手签订好协议,园长颁发给师徒证书,师徒俩亲密地站在一起合影留念。

此时,徒弟小林老师心里想:没想到辛苦读书这么多年,还要跟个"师傅"做"小跟班",这个师傅学历没我高、见识比我少、观念没我潮,你能教我什么?能有我大学研究生导师"牛"?

徒弟小包老师是应届优秀毕业生在园实习后留下的,她心里也在想:从今天开始,我要将自己的心态归零,一切成功都属于学生时代,而教师职业生涯才刚刚开启,需要重新努力。我不仅要尊重师傅,好好学习,有机会还要向其他资深老师学习,争取早日胜任工作。

思考:请你分析一下两位新老师的做"徒弟"的心态,如果是你做"徒弟",你会怎样想?怎样做呢?

分析

徒弟小林老师年轻气盛且自负,而徒弟小包老师则为人谦逊。古人云:三人行,必有我师焉。幼儿教师职业生涯不是在师范院校一次性就能够完成的,而是一

---

① 刘延金,钟杨.基于终身学习理念视角下的幼儿教师职业生涯发展[J].湖南第一师范学院学报,2015(4):49-51.

个职前职后连续不断发展的过程,在职前做好充分的准备,职中不断继续学习和改进、升华,才能从容应对职业生涯发展中所遇到的诸多挑战。小林老师应该秉持着终身学习的理念虚心向师傅学习,以持续获得专业能力提升的动力和源泉。[①]

---

① 刘建.幼儿教师职业道德[M].上海:华东师范大学出版社,2015:87.

第六章
乡村幼儿教师职业道德养成的路径

◎ 学习目标

1. 分析在新时代背景下乡村幼儿教师职业道德的现状
2. 提出乡村幼儿教师职业道德养成的路径
3. 以案例解读如何提高自身素质，养成高尚的职业道德

◆ 思维导图

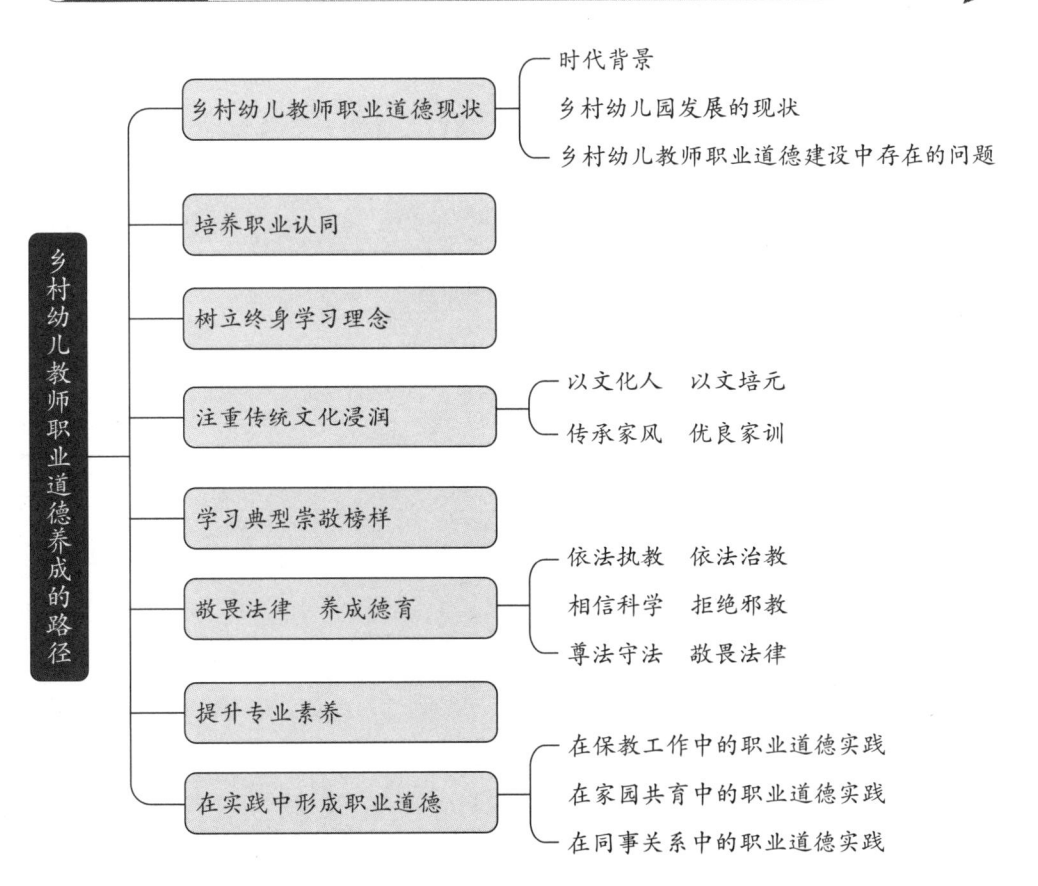

乡村幼儿教师职业道德养成的路径
- 乡村幼儿教师职业道德现状
  - 时代背景
  - 乡村幼儿园发展的现状
  - 乡村幼儿教师职业道德建设中存在的问题
- 培养职业认同
- 树立终身学习理念
- 注重传统文化浸润
  - 以文化人　以文培元
  - 传承家风　优良家训
- 学习典型崇敬榜样
- 敬畏法律　养成德育
  - 依法执教　依法治教
  - 相信科学　拒绝邪教
  - 尊法守法　敬畏法律
- 提升专业素养
- 在实践中形成职业道德
  - 在保教工作中的职业道德实践
  - 在家园共育中的职业道德实践
  - 在同事关系中的职业道德实践

小案例

张老师班里的小志特别调皮,他总是一言不合就动手打小朋友,小朋友们都很怕他,见到他都躲得远远的,家长都吩咐自己的孩子不要和他玩。刚进教室,小朋友又来状告小志把小芬的脸抓伤了。张老师非常生气,把小志叫到面前,狠狠地批评他,对他说如果再打人就让被打的小朋友一起来打他。

大思考

1. 张老师的做法对吗?
2. 如果你是张老师,你会怎样做?

《幼儿园教师专业标准(试行)》中规定,幼儿园教师是履行幼儿园教育教学工作职责的专业人员,需要经过严格的培养与培训,具有良好的职业道德,掌握系统的专业知识和专业技能。幼儿园教师的教育对象是身心发展迅速、可塑性大,同时易受伤害的幼儿。幼儿教育是影响幼儿身体成长、认知、情感、性格等方面发展的有目的的活动。幼儿教育工作烦琐细致,更需要师德高尚,具有良好的职业道德修养,富有爱心、责任心、耐心和细心,热爱幼儿,能给予幼儿精心呵护和教育培养的教师。由此可见,幼儿园教师的师德对于幼儿来说尤其重要。如何培养乡村幼儿教师的职业道德?有哪些途径可以帮助幼儿教师养成良好的职业道德?我们将在这一章里进行探讨。

第一节 乡村幼儿教师职业道德现状

一、时代背景

近年来,随着乡村生活水平的提高,农村家庭对孩子学前期的教育越来越重视。幼教事业的发展大大增加了乡村幼儿接受早期教育的机会。自2011年,云南省被国家确定为"探索政府举办和鼓励社会力量办园的措施和制度改革"试点省份以来,高度重视试点工作,每年结合重点任务对试点工作进行全面部署,并确定8个学前教育改革试验县,各试点地区积极探索,切实推进学前教育改革发展。截至2020年,全省学前三年毛入园率达到88.79%,逐步实现了"一村一幼、一乡一公办、一县一示范"。

百年大计,教育为本;教育大计,教师为本。中共中央 国务院2021年1月4日颁布的《关于全面推进乡村振兴加快农业农村现代化的意见》第十七条指出"提高农村教育质量,多渠道增加农村普惠性学前教育资源供给""加强对农村留守儿童和妇女、老年人以及困境儿童的关爱服务"。而增建城乡幼儿园、改善办园条件、提高乡村幼儿园保教质量都与教师相关。乡村教师队伍质量是影响和制约学前教育事业发展的关键。建设一支政治坚定、品德高尚、专业精良的教师队伍,才能真正推动乡村学前教育发展,助力乡村振兴计划的实施。

二、乡村幼儿园的发展现状

随着乡村经济的飞速发展,人们对下一代的学前教育意识进一步增强,越来越多的乡村家长选择让孩子尽早走进幼儿园,接受系统、正规的幼儿教育。乡村幼儿教育形势向好的方面发展的同时,也面临幼儿园的发展现状不能满足幼儿入园需要的现实:一是校舍陈旧,有的是自有住宅改建,有的是旧的小学改建,还有在小学内开办附属幼儿班等。很多园或班的建筑规范达不到幼儿教育活动的要求,活动场地狭小,存在不少安全隐患。二是教学用具、设施等硬件设施不完备,无法达到规范教学需要。三是专业幼儿教师配备达不到要求。有的幼儿园教师是小学转岗教师,不能较好地掌握幼儿的年龄特点,有的是社会聘用人员,完全没有幼儿教师专业教育经验和经历。四是乡村幼儿教师的培训机制不完善,缺乏系统性和持久性,教师专业素质提高缺乏保障。五是乡村幼儿园的管理体系、管理模式还不能完全统一和规范。有的幼儿园由乡镇行政直接管理,有的幼儿园由片区中心幼儿园管理,有的幼儿园由附属的小学管理,使得幼儿园管理关系比较混乱,无法从人、财、物等方面进行规范、科学、有序的统一。

三、乡村幼儿教师职业道德建设中存在的问题

2016年颁布的《幼儿园工作规程》中,明确了"幼儿园教育是基础教育的重要组成部分,是学校教育制度的基础阶段"。目前,学前教育虽然得到全社会的高度重视,但仍然是我国教育体系中的薄弱环节,而乡村学前教育是"薄弱中的薄弱"。我国地区之间、城乡之间发展不平衡,幼儿教育总体水平不高,乡村幼教事业还存在着办园条件简陋、"小学化"、保姆式现象、教师素质低等问题,而更重要的是乡村幼儿教师"招不到、留不下、干不好"。这些因素使得教师队伍不稳定,教学质量差,更无从谈职业道德的提高。

(一)思想认识不到位,职业认同感差

职业认同感是心理学的概念,指个体对于所从事职业的目标、社会价值及其他因素的看法,与社会对该职业的评价及期望一致,即个人对他人或群体的有关职业方面的看法、认识完全赞同或认可。

作为幼儿教师职业道德建设的前提与基础,职业认同感可以看成幼儿教师专业

成长的起点。良好的职业认同感能够让幼儿园教师对幼儿教师这个职业有正确的认识和态度,能够有目的地提升从事幼教工作必备的心理基础,能够顺利地度过从业之初的适应阶段,尽快进入幼儿教师的角色,并深入学习钻研幼儿教育的专业知识。虽然近年来幼儿教师的工作逐渐获得社会认可,教师地位也随之提高。但是,幼儿教师职业要得到和小学教师一样的社会广泛认可,还需要走很长的路。幼儿教师的工资低、工作量大,被视同"保姆",教学活动被视为小学内容的提前进入等错误认识,导致乡村幼儿教师缺乏专业理想,没有对事业热爱、对工作专注的内在动力。很多由乡村走出来的师范学前教育专业毕业的学生大都在城市寻找工作,不愿回到家乡参与建设。而选择回到乡村幼儿园工作的学生基本是考不上更好更理想的地点所采取的无奈选择。据调查,一部分幼儿教师在乡村幼儿园工作一段时间后就转岗到小学去工作了,有的师范生毕业后就在城市里转投到其他行业。

(二)重视专业特长,忽视职业道德培养

幼儿园教师是专业性、应用性很强的工作。从经验化、职业化到专业化,有着鲜明、独特的职业特征和成长规律。幼儿教师面对的是3—6岁幼儿。他们年龄小、身心正处于快速发展的时期,环境的适应性、行动的独立性较弱,而个体兴趣、需求差异却很大。以自我为中心,自我控制能力、理解力正处于萌芽状态。幼儿教师开展教育活动时必须充分把握幼儿的年龄特点和学习特点,因材施教。如注重幼儿之间的差异性,顺应不同幼儿发展需要,利用环境创设、材料互动、言行激励等发展幼儿能力;尊重幼儿不同的家庭文化、社会背景的差异,家园合力、密切配合共育的能力;针对每个幼儿的特点、因材施教,个别观察与教育的能力等。这些是幼儿教师不同于其他学段教师的一些特殊能力要求。幼儿教师要胜任自己的工作,不仅应具有良好的相关学科的专业知识和技能,更应具有较强的教育技能。因此,从幼儿教师培养体系开始,更多的课程都是与专业技能、技巧有关的内容。而职业道德的学习、提升、职后培训等都远远少于技能、技巧。比如在幼儿教师资格证考试和幼儿教师招聘考试中,对考生的绘画的水平、歌唱的嗓音、乐器弹奏的能力、舞蹈动作的协调与优美、普通话的水平等是否合格,成为衡量考生是否合格,是否可以成为幼儿教师的标准。即使有职业道德的考核,也仅仅是回答诸如你为什么要成为幼儿教师、是否热爱幼儿等模板式的问题。由于幼儿教师行业的特殊性,这种考核无法真正考量从业人员对工作的认知和态度,导致某些没有职业道德或心理不健康的人员进入了幼儿教育工作者的队伍

中,屡屡发生多起严重违反师德的事件。

(三)职业道德标准在评价中存在偏差

职业道德的标准可以使社会主义职业道德原则和规范转化为幼儿教师的内心信念,贯穿于自己的行动中,也可以引导和帮助教师改善和提高教育工作的态度,进一步激发教育潜能,明辨善恶与正邪,做到十年树木、百年树人。职业道德虽然在内容上具有一定的稳定性和连续性,但是就意识形态方面来说,它的评价标准仍然不能运用准确的数据进行硬性量化。因此,职业道德评价的弹性标准会产生多重标准,为实际操作的可行性带来诸多困难。

比如,幼儿园经常会使用问卷的方式对教师师德师风情况进行调查。但是调查结果的准确性与问卷设置方式、问卷调查工作流程、问卷内容、问卷回答质量等因素都有直接关系,从而使调查结果不能作为教师职业道德评价的依据,只能作为参考。有研究表明,乡村幼儿教师职业道德评价工作是缺失的。以评价促进乡村幼儿教师的职业道德素养提升的工作,亟待深入探讨和推进。

第二节 培养职业认同

职业认同是指幼儿教师对于所从事幼教工作的目标、社会价值及其他因素的看法,与社会对幼儿教师职业的评价及期望一致,即教师本人对他人或幼教团体的有关职业方面的看法、认识完全赞同或认可。它包含在职业情感中。

情感是态度的一部分,是态度在生理上的一种较复杂而又稳定的生理评价和体验。情感包括道德感和价值感两个方面。国内研究者把职业情感分成三个层次:职业认同感、职业荣誉感和职业敬业感。

职业情感是从事某职业的人对其工作的心理感受或者体验。它是一种简单化的主观体验,是一种外在化的情绪表现,也是一种内省化的心情心境。这种体验带有明显的主观色彩,是个人对职业这个客观事物的独特感受。职业情感在"先天所传"与"后天习得"的共同作用下,是一个由低级到高级、由简单到复杂的发展过程,最终它潜伏于人的内心深处,表现出内隐、含蓄的特点,使个体较稳固地处于一种心理状态之中,影响个体行为方式,并使之习惯化,这就是心情、心境。这种职业情感是更高层次的心理活动,它对支配个体行为向积极方向发展具有决定性意义。[1]

美国社会心理学马斯洛的需求层次理论把人的需求分成生理需求、安全需求、归属与爱的需求、尊重需求和自我实现需求五个层次。马斯洛认为,这五种需求就如同金字塔一样是逐渐上升的,是每个人都需要的,当低级的需求满足后,就会向更高一层次的需求迈进,与此同时,获得基本满足的需求就不再是激励力量。

教师的职业认同要素包括职业认识、职业意志、职业技能、职业情感、职业期望、职业价值观等。

幼儿教师的认同感是幼儿教师对所从事的幼儿教育工作的认可程度,是开展幼儿教育工作的基本前提,是幼儿教师专业成长的必要条件,也是构建和谐社会的需要。相对于其他行业来说,幼儿教师的职业认同感尤其重要。社会对幼儿教师的职业也存在着很多的歧义。与"教师"的含义格格不入的"高级保姆""阿姨""工作就是带着孩子唱唱跳跳""陪护"等等认识,这些带有偏见和不理解的帽子,常常被戴在幼儿教师的头上。幼儿教师的职业认同在教育体系中始终处于低端的状态。

幼儿教师是一所幼儿园成长和发展的主动力。随着社会的进步,人民生活水平的提高,对美好生活的向往愈来愈凸显,对子女的希望值越高就对整个教育体系给予的要求越多。作为基础和奠基阶段的学前教育愈来愈备受关注。家长在择园时对幼儿园综合素质的考量和挑选,让幼儿教师的职业素养和能力的要求也随之水涨船高。其中,幼儿教师的职业认同感起着举足轻重的作用。

案例6-1

庚老师在团结村幼儿园入职一年多以来,勤勤恳恳、任劳任怨,脏活累活抢着干,对班级里的孩子态度和蔼,说话轻言细语,赢得孩子的喜爱。她也多次在幼儿园的教学、环创等各种比赛中获奖,得到了领导和同事们对她的肯定和赞扬。当我们对她进行访谈问到为什么这么努力时,她说非常喜欢孩子,觉得他们活泼可爱,

---

[1] 尚勇.试论职业情感的科学界定[J].理论观察,2007(1):153-154.

天真烂漫,从事幼儿教师的工作是她从小的梦想,她花了三年的时间参加了多次面试才终于考进了幼儿园。能够从事梦想的职业,她会倍加珍惜,积极努力。

类似这样的案例在幼儿园有很多。幼儿教师岗位也是很多就业者的最优选择。庚老师能够在岗位中敬业奉献,得益于她对幼儿教师岗位的内在认同。因为有了认同感,才能产生内驱力,使她能够为成为幼儿教师去拼搏,去努力,在岗爱岗,有良好的工作表现。但是,这样的职业认同感是庚老师职前就已经形成的。在长期的道德教育实践过程中,我们更应该加强入职后对幼儿教师岗位的职业认同培养,这样才能使认同感持续稳固,从而激励幼儿教师在岗位中保持工作热情,积极进取,一步步地在专业道路上长成参天大树。

案例6-2

小超是××乡镇中心幼儿园大班的孩子,父母都在外地打工,是由奶奶带大的。小超胆子非常小,不敢大声讲话,不会主动提出要求,不愿和小朋友交流。玩游戏时,总是在一边悄悄观望。有小朋友邀请他一起游戏时,他总是摇摇头,自己走到一边去。

班主任张老师观察到小超的情况后,经常慢慢地接近他,有意无意地和他说几句话,或者请小超帮忙做点他力所能及的事情。刚开始小超都不愿去做,老师请他做值日生时,他总是低着头不理会。张老师就走到他身边,轻轻摸着他的头对他说:"小超,大家都在等着你的帮助呢,你一定会做得很好。"渐渐地,在张老师的鼓励下,小超能够渐渐地适应集体生活了,脸上也慢慢绽放出笑容。

张老师的做法是值得赞扬的。小超作为留守儿童,心里很自卑、很敏感。张老师采取了看似不经意和孩子的接触的方法,亲切和蔼地慢慢地靠近,很注意保护小超的心理,显现出一个不但有爱心,而且有专业能力的教师品质。在做值日生的工作中,小超必定要和其他孩子进行互动,会遇到一些需要互帮互助才能解决的问题。张老师巧妙地运用请小超做值日生的方法,帮助小超熟悉班级的环境,接触其他幼儿,和其他孩子互动。在相互的交往中,让小超从被动变为主动,与周围环境、人发生联系,逐渐融入集体,适应幼儿园的生活。

《幼儿园教师专业标准(试行)》指出:建立良好的师幼关系,帮助幼儿建立良好的同伴关系,让幼儿感到温暖和愉悦。幼儿教师对孩子要关爱,耐心细致,善于解读幼儿的行为,注意保护幼儿脆弱的心理,利用自己的专业知识,帮助幼儿适应环境。只要有着对教育事业深深的热爱,认识到自己所从事的事业对民族和未来是一种不可推卸的责任,以教书育人为崇高的职责,并从中享受教育的乐趣,就会在平凡的教学工作中勤奋求实,兢兢业业,不断提高自身素质,完善自我,在实践中实现自身的价值,实现人格的升华,踏踏实实地完成这一份良心活。

案例6-3

年轻的教师黄某是云南怒江兰坪县某山区幼儿园园长。在此之前,因一次到昆明走亲戚的机会,看到了城里的孩子都在上幼儿园,她觉得很好奇。通过多次观察了解、学习和体验,她想到了家乡那些在大山上无人看管,四处奔跑的孩子。于是,她在自己的家里办起了山村幼儿园。幼儿园开办后,受到了当地居民的欢迎,他们不仅从孩子的口中听到了歌声、故事,还了解了基本的科学常识,而且再也不用担心四处撒野的孩子的安全。许多孩子每天自己走2个多小时的山路到园参加活动;下雨了,老爷爷就用背篓背着3岁的小孙女翻山越岭2个多小时将其送到幼儿园;看到捐赠的新奇的玩具、教具,孩子们瞪着大眼睛、脸上浮现出惊喜的表情;参加教学活动时,孩子们总是竖直耳朵生怕听漏了老师讲的一句话。孩子们的纯真、善良和对知识的渴望深深刺痛了黄园长的心。因为山区经济落后,黄园长凭着自己的热爱艰难地维持着幼儿园的运转。她的这些做法,深受群众的喜爱,村民都亲切地叫她"黄阿滋"(傈僳语:黄姐姐)。

幼儿教育是一项公益事业,需要社会关注和支持。黄园长热爱家乡,乐为家乡群众排忧解难,她通过对幼儿教育工作的学习和了解,深刻认识到幼儿教育的重要性,从而产生强烈的认同感,在开办幼儿园的过程中克服了很多经济困难,让山区幼儿获得教育机会,获得群众的尊重。这份尊重也是幼儿教师认同感的一部分,它会转化成工作的责任感和动力,让黄园长坚持在山区给留守儿童一个温暖的家,为他们撑起一片蔚蓝的天空。

第三节
树立终身学习理念

终身学习思想是法国成人教育学家保罗·郎格朗首次提出的。提出的背景是由于科学技术的高速发展、职业变动在加剧、人口的老龄化以及人们休闲的时间增多等,使得传统的一次性学校教育不能够满足人们在一生之中发展的需要。美国早在1976年就颁布了《终身学习法》,日本文部省则直接将"社会教育局"改名为"终身教育局"。1990年6月,日本颁布了第一部终身学习法《终身学习振兴法》。同年8月,又成立了终身学习审议会。

终身学习理念中国自古有之。"活到老、学到老""学海无涯、学无止境"都是终身学习的体现;苏秦刺骨、匡衡凿壁、孙敬悬梁、车胤囊萤,都是刻苦学习的典范。三国时的诸葛亮在《诫子书》中说:"夫学须静也,才须学也,非学无以广才,非志无以成学",告诫我们学习是需要持之以恒的,也只有努力学习,才可以不断拓宽自己的视野,增长自己的才干。终身学习的目的不单是博采百家自我完善,更被赋予治国从政、兼济天下的历史使命。

2021年11月9日,腾讯课堂发布《2021全国青年终身学习指数报告》(以下简称"报告")。报告显示,全国学习人数持续提升,每12个中国人就有1个访问了在线终身学习平台。同时,中西部学习人数持续增长,小镇青年占比提升至41.7%。报告显示"中国青年不是在学习,就是在学习的路上"。

作为21世纪一种崭新的学习理念,终身学习从来没有像今天这样被赋予如此重要的地位和崇高的价值。一个社会,应该使其全体成员更新传统的教育与学习观念,树立起终身学习的新理念,从而营建一个有利于开展终身学习的社会氛围。每一个社会成员,有必要转变观念,认识到"终身学习,与其说是一种教育观念,还不如说是21世纪的生存概念",从而在日常生活中自觉践行终身学习思想。[①]

[①] 宋孝忠.关于践行终身学习理念的思考[J].天中学刊,2005(3):124-127.

案例6-4

曾老师是一名有着二十多年教龄的老教师,教学中一直保持着自己的风格。集中教育活动时,她要求孩子们背手坐正,好好听讲,上课不许插嘴、不可以私自讨论,教学一直沿用20世纪90年代的教学内容,基本采用了课堂讲授、提问、幼儿练习等方式,对教学多媒体、信息网络的使用觉得很麻烦,不想学。幼儿园教研组长多次指出她的教学误区,请她转变观念,引导其变教师主导为学生引导,让幼儿可以主动学习,并且向她推荐了一些课程游戏化的书籍。可是曾老师一直觉得自己的教学没有问题,教三岁的小孩子根本用不着那些高深的理论知识。凭借自己多年的教学经验和习惯教给孩子怎么做,然后多说几次多写几遍反复训练,让孩子学会就完成任务了。很多家长反映,其他班级的老师经常利用微信、微博、抖音、美篇等分享幼儿活动的照片、学习生活的情况,但是他们却只能通过曾老师自己的描述才能知道孩子在园的学习情况。

"少而好学,如日出之阳;壮而好学,如日中之光;老而好学,如炳烛之明。"教师要崇尚科学精神,树立终身学习理念,拓宽视野,更新知识结构,潜心钻研业务,勇于探索创新,不断提高专业素养和教育教学水平。如果抱着旧观念、旧方法育儿,跟不上新时代的要求,只会被时代的车轮碾压。

教育部《幼儿园教师专业标准(试行)》中专门提出"终身学习"的基本理念。要求"学习先进学前教育理论,了解国内外学前教育改革与发展的经验和做法;优化知识结构,提高文化素养;具有终身学习与持续发展的意识和能力,做终身学习的典范"。

因此,幼儿教师要把学习当做终生的课题,把终身学习理念内化成日常的习惯。作为幼儿教师在终身学习方面要做到以下三点:

一是树立正确的学习理念。教师一定要深刻理解"文凭不等于水平、学历不等于能力"这句话的道理。要能够自觉提升对"学习是生命的源泉、创新是民族振兴的灵魂"重要性的认识。教师应该始终坚持把学习当作生活的重要组成部分,当作工作的需要,从要我学向我要学转变,不断积累工作经验、创新工作方法,主动、自觉、积极地学习,把学到的知识转化为实际能力,以问题驱动、任务驱动来制订自己学习的目标,增强自己的实际工作能力。时代在发展,科技在进步,各项理论研究也在更新换代、日新月异。幼儿教师要特别注重学习新的教学理念、方法,改变自己的教学观、儿童观,紧跟时代步伐,才能去培养未来社会的建设者和接班人。

二是营造浓厚的学习氛围。教师应在实践中创新学习方法,找出解决问题的新途径,挖掘和激发自己的学习和创造能力,才能让自己保持应变能力,发挥竞争优势。幼儿教师自己更要能够静得下心来,从自身做起,从当下开始,为自己营造出浓厚的学习氛围。比如为自己制订学习计划,在本学期内完成阅读理论书籍一本,学习教学期刊文章,撰写学习和笔记摘要等;给自己划定一个学习区域,规定每天晚上8点必须进到学习区里进行学习,要么看看书,要么上网查看教育信息、搜集教学资料等;另外,可以组建学习小组,互相提醒、监督学习情况,共同完成某一项学习任务,发扬团队协作精神等。通过以上方式,让自己养成学习的习惯,培育勇于挑战和创新学习的精神营造有助于幼儿教师终身学习和知识共享的文化氛围。

三是健全学习激励机制。幼儿教师是比较特殊的行业。幼儿教师的学习是十分重要的。如果幼儿教师不注重学习,在科学技术飞速发展、社会变革日新月异的今天,就需要面对被社会淘汰的现实。根据幼儿教师的职业阶段,我们一般把教师分为新教师、成熟教师和专家教师。新教师一般是指教龄在5年以内的老师,成熟教师的教龄一般在5—20年之间,20年以上教龄的教师是专家教师。但是,如果你是一个不思进取、不好好学习、对工作没有热情、在年轻时只图完成工作任务没有做出任何成绩的教师,那么工作年限再长,你也只能配得上别人尊称一声"老教师"。因此,幼儿园应该建立终身学习的长效机制,为教师搭建专业素质提升平台,建立一套长效的鼓励学习的考核、交流、激励机制,实现"人人学习、处处学习、时时学习",创建学习型组织,让每一个教师获得学习的成就感。幼儿教师自己也应不断自我激励,在完成每个学习阶段的目标时,自我肯定或适时地予以展示,获得外界的认同,从而激发自己更大的学习动力。

第四节 注重传统文化浸润

在对幼儿教师的聘用选择中,作为职业道德中的隐性职业素养,比如工作态度、职业道德、文化精神等是无法在短时间内得以呈现并做出评价的。而优秀的传统文化,既能够为人们的行为意识起到良好的引导作用,又可以为师德教育工作注入更具有发展性的内涵,使教师通过传统文化的传承,不断增强人文素养,提升德育素养,发挥师德教育的实际内涵,让师德贯穿自己的职业生活,更好地实现职业道德的深层次提升。

一、以文化人 以文培元

中华优秀传统文化源远流长、博大精深,包含着丰富的哲学思想、道德情操、价值观念、审美品格、艺术情趣、辩证思维和科学智慧,是中华民族的宝贵精神矿藏。习近平总书记指出:"中华传统文化源远流长、博大精深,中华民族形成和发展过程中产生的各种思想文化,记载了中华民族在长期奋斗中开展的精神活动、进行的理性思维、创造的文化成果,反映了中华民族的精神追求,其中最核心的内容已经成为中华民族最基本的文化基因。"中华民族绵延不绝的悠久历史、灿烂文明,孕育滋养出源远流长、根深叶茂、丰富多样的优秀传统文化,塑造了中华民族的鲜明品格,滋养了独树一帜的中国精神,陶冶了勇敢智慧的中华儿女,是中华民族自立世界民族之林,绵延不绝、郁郁葱葱、生生不息的文化之根,是涵养社会主义核心价值观的重要源泉,在实现中华民族伟大复兴的征程中,中华优秀传统文化是我们最深厚的文化软实力,为我们在世界文化激荡中站稳脚跟筑牢坚实根基。[1]幼儿教师应该充分利用好中华优秀传统文化这个宝库,充分认识中华文化的历史渊源、发展脉络、基本走向,充分认识中华文化的独特创造、价值理念、鲜明特色,挖掘带有深厚中华民族文化特点的作品,用中华民族优秀的传统文化传递社会主义核心价值观,增强文化自信、价值观自信。

案例6-5

幼儿园刚入职的青年教师张某教学能力强,讲故事、跳舞、唱歌、画画样样出彩,多次在片区的教师技能比赛中拔得头筹。但是园长发现,张某在日常教学活动中对孩子们的态度十分冷淡,对小朋友提出的问题也总是不爱搭理。小青端着碗

---

[1] 王志东.中华优秀传统文化是当代中国最深厚的文化软实力[N].光明日报,2019-1-16.

> 对她说:"张老师,我做的汤圆给你吃。"张某看都不看把碗一推说"不吃不吃,你那手捏的汤圆脏死了,快拿走!"小青不好意思地收回递过去的碗,看着自己手,低头难过地说:"我洗过好几遍了。"园长看到这一幕后,组织教师们开展了一系列的师德师风教育活动。其中,组织了教职工对中华优秀传统文化的学习:请汉语言文学专家对《弟子规》《师说》等古文的要义进行了深入讲解;对教职工的站、立、坐、待人接物和说话的语气进行了培训;教老师学习茶道,静养身心;描摹国画,探究生命的意境;评选"孝老敬亲最美教师"……一学期过后,园长发现包括张某在内的教职工,言行都发生了很大的改变。原来说话声音最大的保育员何老师跟家长交流时变得轻言细语;原来脾气很大经常发火的后勤黄老师现在会耐心听其他老师的意见;张老师的转变也很大,她能够蹲下来和孩子说话,能和孩子一起趴在地上挖小泥坑了。看到这一切园长欣慰地露出笑容。

在上述案例中,园长采取了经典文学作品学习、行为举止规范、茶道文化滋养等中华传统文化精髓,潜移默化地影响教师,汲取中华优秀传统文化中有益的养分,引导教职工从生活中的小事做起,逐步推广及周围的人群,达到对周围人群的关注,使教职工做到"爱己、爱人、爱家、爱国",由小见大,由近及远,由己及他,逐步培养博施济众,有大爱之心感恩之意,关爱幼儿,关注社会收获成就感和幸福感。

魏徵在《谏太宗十思疏》中提出:"求木之长者,必固其根本;欲流之远者,必浚其泉源。"中国优秀传统文化是中华民族的"根"和"魂"。只有培本固元,幼儿教师的职业道德才能在中华优秀传统文化的滋养下茁壮成长。

二、传承家风　优良家训

中华民族从来都十分重视家庭教育的优秀传统,而且积累了丰富的家庭教育经验。多部家训名篇如北齐颜之推《颜氏家训》、宋代朱熹《家训》、晚清曾国藩《家书》等均凝聚着整个家族的传家智慧。历史表明:"一家仁,一国兴仁;一家德,一国兴德""家风正则后代正,则源头正,则国正"。习近平总书记在2015年春节团拜会上的讲话中指出:"中华民族自古以来就重视家庭、重视亲情。家和万事兴、天伦之乐、尊老爱幼、贤妻良母、相夫教子、勤俭持家等,都体现了中国人的这种观念……家庭是社会的基本细胞,是人生的第一所学校。不论时代发生多大变化,不论生活格局发生多大变化,我们都要重视家庭建设、注重家庭、注重家教、注重家风,紧密结合培育和弘扬社会主义核心价值观,发扬光大中华民族传统家庭美德,促进家庭和睦,促进亲人相亲相爱,促进下一代健康成长,促进老年人老有所养,使千千万万个家庭成为国家发展、民族进步、社会和谐的重要基点。"

家庭教育是家庭精神内核的具体体现。习近平总书记指出:"孩子们从牙牙学语起就开始接受家教,有什么样的家教,就有什么样的人。"习总书记关于家风建设的讲话,高屋建瓴、高瞻远瞩,细致入微地体察到家风建设与国家建设之间微妙关系。家是最小国,国是千万家。在当今新时代,家、国的根本利益是完全一致的,家庭的前途命运同国家的前途命运紧密相连。

案例6-6

北宋政治家、历史学家、宰相司马光虽官高权重,但对子女从不骄纵。他的家训作品《训俭示康》传承至今。他汲取了历史上很多达官贵子,因为受到祖上功德获荫庇,却不能自强自立就此颓废没落的教训,告诫他的子孙:"有德者皆由俭来也。俭以立名,侈以自败"。由于教子有方,司马光家族中的孩子,个个都谦恭有礼,不仗父势,不恃家富,卓有成就。以致世人有"途之人见容止,虽不识皆知司马氏子也"的美誉。

我国古代家训是随着家庭的产生而出现,并随着家庭的巩固、发展而不断丰富和完善的家庭教育方式。这些家训不仅凝结了我国历代家庭教育的经验,也是我国历代家长智慧的结晶和教子方法的荟萃。在重视素质教育、呼唤家庭美德的今天,研究这一重要的文化遗产,合理地吸取我国古代文化中丰富的家教经验,对于提高全民族的文化素养和道德素养,尤其对加强现代家庭建设有着弥足轻重的作用。

中华优秀传统文化是幼儿园宝贵的教育资源,它于无声中的熏陶浸染、培本固元,似春风化雨,是幼儿成长、教师发展、园所提升的肥沃土壤。

第五节
学习典型 崇敬榜样

榜样的力量是无穷的。一般说来,榜样是值得学习的好人或好事。榜样教育是以教师中的先进分子或道德楷模的崇高精神、道德行为等对幼儿教师形成积极的影响,激发其内在的情感共鸣,再通过自省内化,形成幼儿教师良好的道德品质。另外,幼儿教师通过对具有高尚道德修养的先进教师的观察、模仿和学习,习得良好的师德行为,使自己成为具有良好道德品质和较强专业能力的优秀教师,并不断提升自己的师德修养,获得良好的职业道德体验,进一步激发内驱力。

案例6-7

杨老师是幼儿园的保教主任。她在生活中谦恭有礼、孝老敬亲;在工作中积极上进、开拓创新;在同伴关系中团结协作、乐于助人,用超强的专业能力让教师、家长和幼儿信服和喜爱。一次,高老师要参加区里开展的教学竞赛,作为教学新手,她非常着急,压力很大。杨老师耐心地帮她修改教案,鼓励她大胆尝试新的教学方法,多次试教。在杨老师无私的帮助下,高老师的教学能力得到了很大的提升,在比赛中获得了一等奖的好成绩。因为杨老师积极努力的工作,她多次被评为省、市、区的先进教师。幼儿园大力宣传杨老师的先进典型事迹,积极引导和鼓励教师们向她学习,以她的工作方法工作态度去引导、激励广大教职工的工作热情,把抽象的职业道德观念和教师行为规范形象化、具体化,让大家在相互学习、探讨、交流和借鉴中,不断自觉提升自身的职业道德水平。

幼儿教师的职业是非常平凡、不起眼的,甚至在很多人眼里是不入流的。乡村幼儿教师队伍存在培养赶不上需求,教师自身发展动力不足,专业水平不高、职业倦怠,流失量较大等普遍问题。近年来,网络对"虐童""体罚幼儿"等幼儿园事故的传播,给幼儿园的教师带来了巨大的压力。面对这些无形的负面影响,幼儿园教师需要用花费很大的精力去消除家长的疑虑,重塑幼儿教师"专业、爱护"的良好形象。

江苏徐州幼儿师范高等专科学校陆珊珊在"乡村幼儿园教师流失成因"研究中指出,教师流失类型有"利益中心型、家庭中心型、享乐中心型"三种。乡村幼儿园教师流失成因,一是,工资待遇与工作付出不对等。幼儿园教师工作量大、工作时间长、安全责任大、心理压力大、家庭负担重,教师工作付出与回报不对等,致使部分教师选择逃离幼儿园教师工作岗位;二是,职前教育薄弱,职业认同低。乡村幼儿园教师自我效能感低,无法从工作中体验职业幸福,获得成就感,缺少幼教情怀,职业信念不坚定,没有正确的职业理想。三是办园理念落后,工作环境不良。多数乡村幼儿园管理者自中小学转岗至幼儿园,没有接受过专业训练。[1]

极低的认同感使幼儿教师的职业得不到更多的尊重和崇敬。职业道德水平也难以去做出判断。有的幼儿教师工作可以量化,但也有隐性难以量化的,很难以刚性的数据来对教师作出准确的职业道德评价。更多的幼儿教师是凭借自己的一腔热血在工作。常常听到老师们说"我总是想着不能对不起班里的孩子""我去住院了,孩子们就没人带了,算了我再忍忍等假期再去动手术"等等的话语。这些言行就是道德责任的自觉意识,是隐藏于内心深处的使命和职责,是幼儿教师的职业良心。这在教师职业生活中发挥着巨大的作用,指导和调节教师的具体行动。幼儿园管理者应该抓好典型示范工作,捕捉工作中的典型案例,以榜样的力量去引领、示范、带动教职工爱岗敬业、全心奉献。

第六节
敬畏法律 养成德育

道德与法律作为调整人类行为的两种不同的社会规范,既有密切的关系,又有明显的差异与冲突。法律是最低限度的道德,法律是以道德为基础的,没有道德基础的法律不具有权威性和执行力。

---

[1] 陆珊珊.乡村幼儿园教师流失成因及其对策分析——以徐州地区为例[J].社科纵横,2018(10):73-78.

法律本身也不是万能的,在法律的调控范围之外还保留着许多的真空地带,这些是法律无法调整或不宜调整的,此时道德是对法律的有益补充。另外,法律与道德在调整手段,调整范围,强制程度等方面都存在着很大的差异。道德对人的约束范围大于法律,如果缺乏良好的社会道德风尚,法律调控也只能是穷于应付,甚至法不责众。但是,法律的推行有力地规范了人们的社会行为,促进了良好社会道德风尚的形成。

一、依法执教 依法治教

陶行知老先生形容教育者是"捧着一颗心来,不带半根草去"。幼儿教师是红烛,依法执教是教师从事教育活动的根本依据。依法执教履行教书育人的职责就是教师的教育教学行为要在法律法规所允许的范围内进行。尊法学法知法守法是从事教育工作的基础。

作为一名幼儿教师,应该主动学习和自觉践行相关法律法规,努力提高法律意识,不断增强依法决策、依法管理、依法办事的能力。严格遵守《中华人民共和国未成年人保护法》《中小学教师职业道德规范》等法律法规,尊重幼儿的合法权益和人格尊严,关心爱护每一个幼儿。

在加快教育改革步伐的形势要求下,作为一名新时期的幼儿教育工作者,要主动更新观念,认真履行《中华人民共和国民法典》《中华人民共和国教师法》《幼儿园教师专业标准(试行)》《3—6岁儿童学习与发展指南》等相关法律法规的规定。从身边点滴小事做起,在幼儿的一日生活和教学管理中充分贯彻"依法执教"的精神,结合党的教育方针,充分尊重学生,多站在幼儿的角度考虑教育问题、实施教学,成为幼儿发展的支持者和引路人。

幼儿园教师被侵权后也要敢于维权、善于维权。为此,只有熟悉维权途径,才能充分保障自己的合法权利,为贯彻国家的教育方针,为教育教学事业做出更大的贡献。知法、用法,是最好的保护武器。

二、相信科学 拒绝邪教

乡村幼儿教师所处环境相对落后、封闭,传统习俗与现代文化的冲突较大,容易产生观念和行为的差异。但是幼儿教师不仅仅是教育者,更是孩子生活的导师、道德的引路人和科学的传播者。乡村教师要严格自身品行,更新教育观念,多学习科学知识,才能更好履行教育责任。

三、尊法守法　敬畏法律

善恶仅在一念之间。幼儿教师作为孩子进入社会的第一任启蒙教育者,为人师表,更应该树立起对法律法规的敬畏之心,遵守国家的法律法规、社会的约定俗成和幼儿园的规章制度。读懂孩子的心理,要有足够的耐心,自觉抵制职业生活中种种复杂的、功利性的诱惑,廉洁从教、不做违反师德规范的事。

案例6-8

×新闻报道《××幼儿园老师殴打幼儿》视频引发网友热议。

网传视频显示,此时地点是在一处幼儿园内,一些孩童正排成队列,站在他们身旁的两名身穿蓝色工作服的女子,不时指着孩子说着一些什么,过了一会儿,只见女子直接抓着几名幼童身体,并将其推倒……

有网友看了视频表示:"这哪是在教育孩子,分明就是在殴打!"也有网友觉得心寒,是什么原因导致这两名女子竟如此狠心。据视频发布者称,事发地点位于×民办幼儿园内,两名女子是幼儿园的教师。

当天晚上,记者从×政府新闻办公室了解到,情况属实。×幼儿园发生教师体罚殴打幼儿案件,案件发生后,区委、区政府高度重视,公安、教育等部门第一时间介入调查。

目前,涉案幼儿园教师马某某、郭某某已被公安机关控制,案件正在进一步调查中,教育等部门已针对涉案的××民办幼儿园开展调查整治工作。

(案例来源于网络新闻报道)

案例6-9

有媒体报道,××省××幼儿园家长发现在读大班的女儿总说嗓子疼,且大半个月不见好转。医院医生告诉他,可能是孩子吃饭太快,嗓子被烫伤,建议孩子吃饭要放慢速度。女儿告诉家长"在幼儿园吃饭要快,吃得慢就会被老师罚去厕所吃"。女儿也被罚去厕所吃过几次饭,所以即使再烫,孩子也会忍着很快吃完。孩子口中

"吃饭慢去厕所吃"的说法,引起小李不满。孩子的口述在其他家长那里也得到证实。家长小张说:"我孩子9月刚上大班,孩子说自己经常被叫到厕所吃饭,有时早中晚三顿饭都得去厕所,娃说厕所味道比较大,吃饭难以下咽,还说这种情况上中班时就有。"另一段家长提供的视频中,有家长询问幼儿都有谁去厕所吃过饭,视频中的幼儿说出很多个名字;而且"吃饭慢去厕所吃"的情况,至少持续了一年时间。家长小李说,家长们要求看幼儿园监控视频,园方称监控损坏,看不了;待监控摄像系统修复后,部分家长从视频中看到不时有幼儿端着饭碗进出厕所。

(案例来源于网络新闻报道)

幼儿园是遵循幼儿身心发展特点和规律,实施德、智、体、美、劳等全面发展的教育,为的是促进幼儿身心和谐发展。可是,在这个本应该成为孩子的学园、乐园、家园的地方,却发生了很多阴暗、残忍的暴行,使幼儿受到身心的摧残。虐童事件幼儿园教师带给孩子的伤害、侵犯突破了幼儿、家长、社会容忍的上限,把教育异化到对幼儿的人格、身体、合法权利的侵害。

近年来,随着经济的发展和社会的进步,幼儿教育事业得到了社会的高度关注。幼儿园的办园数量、规模都在大量激增。由于优质教育资源短缺,学前教育师资队伍难免良莠不齐,部分幼儿园唯利是图、幼儿教师素质低下,教育行政管理部门监管不到位,使得幼儿园办园水平和办园质量堪忧。

2018年,教育部出台的《幼儿园教师违反职业道德行为处理办法》第三条指出"教师涉嫌违法犯罪的,及时移送司法机关依法处理"。同时,对应予处理的教师违反职业道德行为做了详细的规定。作为幼儿教师的一员,每个人都应该有良知,并且知法懂法,尊法守法。只有对法律有敬畏感,才能在社会公允的秩序中实现自由。

第七节
提升专业素养

幼儿教师应该具有丰富的理论知识和教学技能,这是正常开展教学工作的先决条件。俗话说:要给孩子一碗水,自己要有一桶水。教育工作的覆盖面很广,不仅要学习学科知识,更要通晓人文、地理、科技等领域的知识。幼儿园教师不仅要有弹、唱、跳、画的技能技巧,更应该具有观察幼儿,采取适宜的教育方法引领幼儿成长的能力。

> **案例6-10**
>
> ××中心小学开办了一个附属幼儿班。校长安排了一间小学空置的教室给幼儿班使用。桌椅、黑板都是小学的,还安排了数学、语文、汉语拼音等课程。由于小学教师编制少,缺乏经费,因此幼儿班没有配置专职的幼儿教师。幼儿班的教学活动全部是由小学的全体老师轮流承担,谁没有课谁就到幼儿班去临时带班。并且小学教师进入幼儿班就开始争相教授低年级的学习内容。中心小学校长指导教师期末时对孩子们的学习情况编了试卷进行了考试。

《幼儿园教师专业标准(试行)》指出:幼儿园教师是履行幼儿园教育教学工作职责的专业人员,需要经过严格的培养与培训,具有良好的职业道德,掌握系统的专业知识和专业技能。

小学和幼儿园是两个学段,幼儿园主要以培养品德行为习惯、生活习惯和学习习惯为主;小学则是以学科知识学习为主。两个教育对象的身心发展特点不一样、教学方法不一样、学习需求不一样。在幼儿园活动中,要求以游戏为主,在玩中学,而小学以传授知识为主要任务。教育部办公厅《关于开展幼儿园"小学化"专项治理工作的通知》中明确规定不得违背幼儿身心发展规律和认知特点,提前教授小学内容、强化知识技能训练。严禁教授小学课程内容。对于提前教授汉语拼音、识字、计算、英语等小学课程内容的,要坚决予以禁止。

中心学校附属幼儿班的教师没有经过专业的学习或者补偿式培训,不具备幼儿教师的专业能力,不顾幼儿年龄特点和需求,组织幼儿进行超越年龄阶段的学习和考试,严重违背了幼儿发展的规律,是不可取的。幼儿园应该注重培养孩子的学习兴趣,让他们在游戏活动中,产生对语言文字的兴趣,产生对科学的探究欲望。小学化的幼儿教育不顾幼儿的年龄特点,只是单调地让孩子写字、算数,剥夺幼儿游戏的机会,泯灭了幼儿活泼好动的天性,剥夺了幼儿的快乐,实质上,小学化的幼儿教育方式使幼儿失去了学习、创造和探索的机会,天才被扼杀在摇篮之中。

案例6-11

小芬是××村幼儿园中一班的小朋友。一天早上来到幼儿园，小芬发现自己的桌子边上有很多蚂蚁爬行。小芬立即招呼大家来看蚂蚁，引起大家的围观，这个说不知道蚂蚁要去哪里？那个说要找吃的来喂蚂蚁。就在孩子们激烈讨论的时候，小李老师进到教室里，请大家去户外做操。结果喊了两遍，孩子们都没有动。李老师走过来对孩子们吼到："看什么看，有什么好看的！快点出去做操。"边说边拿起抹布把桌子上的蚂蚁擦没了。小朋友们害怕地看着李老师，又着急地盯着桌子找蚂蚁，最后只能依依不舍地走出教室去做操。这天，孩子们一直在低声讨论小蚂蚁是不是被李老师杀死了？小蚂蚁回不了家了它妈妈会不会哭？小芬看到李老师对待蚂蚁的态度心里非常害怕，不敢正眼去看李老师，看到李老师后都要绕着走路。

《幼儿园教师专业标准(试行)》第11条指出：注重保护幼儿的好奇心，培养幼儿的想象力，发掘幼儿的兴趣爱好。第13条：重视丰富幼儿多方面的直接经验，将探索、交往等实践活动作为幼儿最重要的学习方式。第14条：重视自身日常态度言行对幼儿发展的重要影响与作用。第52条指出：关注幼儿日常表现，及时发现和赏识每个幼儿的点滴进步，注重激发和保护幼儿的积极性、自信心。

孔子说："其身正，不令而行；其身不正，虽令不从。"一个举止文明、公正无私、品德优秀的老师，本身就是活的教材。当孩子面对这样的教师时，会主动去学习去模仿。幼儿时期是人格形成的时期，他们就像一张张白纸，需要在正确的引领下绘制出一幅幅美丽的未来画卷。幼儿园老师是孩子的启蒙老师，是孩子成长过程中的引路人，是孩子心目中的榜样。老师的一言一行，一举一动都是孩子模仿的对象，有着非常重要的示范作用，老师要做孩子的榜样。

在以上的案例中，看起来似乎教师的专业能力需要更加突出，却忽略了教师因为自身的能力和责任不到位而误人子弟的问题。幼儿正处于可塑性强、身体娇嫩、好奇好问、充满探索和冒险精神的时期。作为幼儿教师更应该了解、理解幼儿的行为，能够解释幼儿的行为表现，并因材施教，用自己的专业能力引导、支持、帮助幼儿有更进一步的发展。

第八节
在实践中形成职业道德

亲其师,信其道。恶其师,疏其道。幼儿是善于模仿的。要培养幼儿有文明的行为习惯、高尚的品德、积极的品格特征,幼儿教师自己就应该做到行为举止优雅、仪表端庄、干净整洁、语言轻柔、态度和蔼。以教师美的心灵、美的行为潜移默化地去影响幼儿去教育孩子,成为榜样,得到幼儿的喜爱,才能真正让幼儿因"信其道"而跟随教师,在教师的引导下健康成长。

一、在保教工作中的职业道德实践

北宋政治家、文学家欧阳修说过:古之学者必严其师,师严然后道尊。只有对自我的严格要求才能赢得幼儿的信任和尊重。幼儿教师应自觉抓好思想道德建设,重视《中华人民共和国教师法》《中华人民共和国未成年人保护法》《新时代幼儿园教师职业行为十项准则》《幼儿教师违反幼儿园教师违反职业道德行为处理办法》等法律法规的学习,养成良好的职业行为,积极地适应外部环境,进一步增强职业认同感与自豪感。在日常工作中,幼儿教师要认真观察幼儿,理解幼儿每一句话、每一个动作的意义,用自己的专业科学地读懂、解释幼儿的行为表现。比如,在针对进餐时不吃青菜的幼儿,教师应耐心地引导小朋友说:"青菜很有营养,可以帮小朋友补充维生素C。老师可喜欢吃了,小白兔也很喜欢吃。小朋友们要多吃一些,常吃青菜会长得高高的。"教师富有爱心的专业的鼓励,会激励幼儿表现更好。

幼儿教师要重视职业道德的自主成长,认真做好自己的职业生涯的规划。在保教工作中实现自我价值。

二、在家园共育中的职业道德实践

指导幼儿家庭开展科学育儿是幼儿园的任务之一。幼儿园老师在指导家长的过程中,应该树立正确的观念,充分认识家长参与的重要性。在与家长交往的过程中,要以真诚的合作态度,端庄的仪容仪表,适宜的穿着,谦恭的待人接物,顺畅的语言表达,采用多种方式吸引和鼓励家长参与幼儿园的教育活动,充分发挥家长的作用。

案例6-12

拉姆老师了解到班级里的孩子大部分都是留守儿童,三分之二的孩子都是父母在外打工,自己跟着爷爷奶奶生活,家境比较困难。孩子们都非常想念自己的父母。于是,拉姆逐一联系上了孩子们的父母,加了他们的联系方式,每到节日或者重大活动时,就把孩子们的情况发在微信群里,让家长了解孩子的情况。逢节假日放假前,她专门给每一个孩子开了"爱的三分钟"视频聊天活动,让孩子们都能在镜头前看到亲人。自此孩子们幼小的心灵得到了安抚,孩子们更加懂事了。

三、在同事关系中的职业道德实践

不同行业的人员在特定的职业活动中会形成特殊的职业关系。幼儿园教师与幼儿园、教师与教师、教师与其他教职工之间形成了稳定的教育伙伴关系。幼儿园的每一个教职工都应该具备良好的职业道德,这是对教职工最基本的规范和要求,同时也是每个教职工为担负起自己的工作责任必备的素质。幼儿教师在日常与同事的交往中,应该做到遵守工作纪律,保证正常工作秩序,提升工作效率,提高工作能力,团结协作、互帮互助、虚心求教。

《易经》曰:"天行健,君子以自强不息。"幼儿教师职业道德建设要求教师在思想上具有健全的人格和良好的思想品质,在知识上有丰富的专业储备和不断提高的教学技能,从而为培养综合素质人才,推动幼儿园教育工作有序开展奠定基础。乡村幼儿教师更需要加强理论知识学习,提高自身技能,在实践中总结经验,反思自身道德,端正态度,以爱和温暖走近幼儿内心,更新教育观念,要有一颗热爱幼儿热爱乡村的心,不忘初心,从严律己,踏实工作,做一个美好的乡村幼儿教师。

参考文献

[1] 张利洪.改革开放40年我国学前教育政策法规的历程、成就与反思[J].陕西师范大学学报(哲学社会科学版),2019(1).

[2] 李学军,李国祥.中外学前教育史[M].北京:高等教育出版社,2012.

[3] 兰岚.学前教育立法研究[M].上海:上海人民出版社,2020.

[4] 国家统计局.2019年《中国儿童发展纲要(2011—2020年)》统计监测报告[N].中国信息报,2020-12-22.

[5] 高维俭.《未成年人保护法(2020修正案)》评述[J].内蒙古社会科学,2021(2).

[6] 牛帅帅,赵越.《未成年人保护法》的国际法评析:以《儿童权利公约》为视角[J].中华女子学院学报,2021(1).

[7] 刘爽.新中国成立70年学前教育政策变迁与发展内容分析[J].少年儿童研究,2019(10).

[8] 张雅倩,王萍.中华人民共和国成立70年来农村学前教育政策变迁的回顾与展望[J].早期教育(教育科研),2019(9).

[9] 陈宝生.全面推进依法治教 为加快教育现代化、建设教育强国提供坚实保障——在全国教育法治工作会议上的讲话[J].国家教育行政学院学报,2019(1).

[10] 徐辉.坚持依法治教,实现依法兴教[J].群言,2018(10).

[11] 中共中央文献研究室.习近平关于协调推进"四个全面"战略布局论述摘编[M].北京:中央文献出版社,2015.

[12] 张春炬等.幼儿园常见法律问题案例及解析[M].北京:北京师范大学出版社,2018.

[13] 中华人民共和国教育部.幼儿园教育指导纲要(试行)[M].北京师范大学出版社,2001.

[14] 中华人民共和国教育部.幼儿园工作规程(2016)[M].首都师范大学出版社,

2016.

[15] 童宪明.幼儿教育法制案例分析[M].上海:复旦大学出版社,2016.

[16] 刘建.幼儿教师职业道德[M].上海:华东师范大学出版社,2015.

[17] 姜玉海.新时期农村幼儿教师职业道德建设探析[J].兰州教育学院学报,2014(4).

[18] 钟祖荣.现代教师学导论——教师专业发展指导[M].北京:中央广播电视大学出版社,2001.

[19] 郭正良,颜旭.幼儿教师职业道德(第四版)[M].长沙:湖南大学出版社,2018.

[20] 卢梭.爱弥儿 论教育(上)[M].李平沤,译.北京:商务印书馆,1978.

[21] 马卡连柯.父母必读[M].诸惠芳,译.北京:人民教育出版社,2019.

[22] 刘延金,钟杨.基于终身学习理念视角下的幼儿教师职业生涯发展[J].湖南第一师范学院学报,2015(4).

[23] 尚勇.试论职业情感的科学界定[J].理论观察,2007(1).

[24] 宋孝忠.关于践行终身学习理念的思考[J].天中学刊,2005(3).

[25] 王志东.中华优秀传统文化是当代中国最深厚的文化软实力.[N]光明日报,2019-1-16.

[26] 陈巍.教师职业道德的法律思考[J].青海师专学报,2004(2).

[27] 中华人民共和国教育部.幼儿园教师专业标准(试行)[Z].2012.

附录一：国家层面关于学前教育政策法规的清单

1.《中华人民共和国宪法》

2.《中华人民共和国教育法》

3.《中华人民共和国教师法》

4.《中华人民共和国未成年人保护法》

5.《中华人民共和国义务教育法》

6.《中华人民共和国民办教育促进法》

7.《中国儿童发展纲要(2021—2030年)》

8.《中华人民共和国民法典》

9.《中华人民共和国劳动合同法》

10.《托儿所幼儿园卫生保健工作规范》

11.《学生伤害事故处理办法》

12.《教育部办公厅关于进一步加强中小学(幼儿园)预防性侵害学生工作的通知》

13.《最高人民法院关于审理人身损害赔偿案件适用法律若干问题的解释》

14.《中共中央 国务院关于学前教育深化改革规范发展的若干意见》

15.《国务院关于当前发展学前教育的若干意见》

16.《教育部关于规范幼儿园保育教育工作防止和纠正"小学化"现象的通知》

17.《教育部等四部门关于实施第三期学前教育行动计划的意见》

18.《教育部办公厅关于开展幼儿园"小学化"专项治理工作的通知》

19.《国务院关于鼓励社会力量兴办教育促进民办教育健康发展的若干意见》

20.《民办学校分类登记实施细则》

21.《营利性民办学校监督管理实施细则》

22.《幼儿园管理条例》

23.《幼儿园工作规程》(2016)

24.《幼儿园教育指导纲要(试行)》

25.《3—6岁儿童学习与发展指南》

26.《校车安全管理条例》

27.《国务院关于加强教师队伍建设的意见》

28.《教育部 财政部关于实施幼儿教师国家级培训计划的通知》

29.《幼儿园教师违反职业道德行为处理办法》

30.《幼儿园教师专业标准(试行)》

31.《新时代幼儿园教师职业行为十项准则》

32.《幼儿园教职工配备标准(暂行)》

33.《幼儿园园长专业标准》

34.《工伤保险条例》

35.《中华人民共和国社会保险法》

36.《教育部财政部关于印发〈支持中西部农村偏远地区开展学前教育巡回支教试点工作方案〉的通知》

37.《教育部关于建立中小学幼儿园家长委员会的指导意见》

38.《教育部关于加强家庭教育工作的指导意见》

39.《关于加大财政投入支持学前教育发展的通知》

40.《财政部 教育部关于建立学前教育资助制度的意见》

41.《幼儿园收费管理暂行办法》

42.《中央财政支持学前教育发展资金管理办法》

43.《城市幼儿园建筑面积定额(试行)》

44.《托儿所、幼儿园建筑设计规范》

45.《教育督导条例》

46.《中小学幼儿园安全管理办法》

47.《中华人民共和国妇女权益保障法》

48.《幼儿园保育教育质量评估指南》

附录二：地方层面(上海市、云南省)关于学前教育政策法规的清单

1.《上海市教育委员会等8部门关于全力防控疫情支持民办托幼机构平稳健康发展的通知》
2.《上海市示范性幼儿园标准(修订稿)》
3.《新时代上海市中小学幼儿园教师职业行为十项准则》
4.《上海市中小学幼儿园教师违反职业道德行为处理的意见》
5.《上海市教育委员会、上海市农业委员会、上海市卫生局关于做好本市农民工同住子女学前教育工作的若干意见》
6.《上海市教育委员会 上海市财政局 上海市民政局 关于对本市学前教育阶段家庭经济困难适龄幼儿实施资助的通知》
7.《上海市中小学幼儿园学生资助资金管理实施办法》
8.《云南省教育厅 云南省自然资源厅 云南省住房和城乡建设厅关于印发云南省城镇小区配套幼儿园建设管理办法的通知》
9.《云南省民办教育条例》
10.《云南省人民政府关于鼓励社会力量兴办教育促进民办教育健康发展的实施意见》（云政发〔2017〕81号）
11.《云南省教育厅等五部门关于平稳有序推进民办学校分类登记管理的通知》
12.《云南省民办教育机构管理办法》(云府登1164号)
13.《云南省学校安全条例》
14.《云南省教育督导规定》
15.《云南省学前教育条例》
16.《云南省幼儿园行政许可管理办法》
17.《云南省幼儿园收费管理暂行办法实施细则》